맥체인 성경읽기 해설

1

세움북스는 기독교 가치관으로 교회와 성도를 건강하게 세우는 바른 책을 만들어 갑니다.

맥체인 성경읽기 해설 1 (1월 · 2월 · 3월)

초판 1쇄 발행 2019년 12월 25일
초판 5쇄 발행 2025년 2월 10일

지은이 | 임승민
펴낸이 | 강인구

펴낸곳 | 세움북스
등 록 | 제2014-000144호
주 소 | 서울시 종로구 대학로 19 한국기독교회관 1010호
전 화 | 02-3144-3500
팩 스 | 02-6008-5712
이메일 | cdgn@daum.net

교 정 | 김민철
디자인 | 참디자인

ISBN 979-11-87025-54-2 (03230)
979-11-87025-55-9 (세트)

* 책값은 뒷표지에 있습니다.
* 잘못된 책은 교환하여 드립니다.

1

의미와 뜻을 알고 읽는
성경 읽기의 즐거움

맥체인 성경읽기 해설

1월 · 2월 · 3월

임승민 지음

세움북스

맥체인 성경읽기 Calendar

주의 말씀은 내 발에 등이요
내 길에 빛이니이다.
시편 119:105

1월 ························ January

☐	1	창 1	마 1	스 1	행 1
☐	2	창 2	마 2	스 2	행 2
☐	3	창 3	마 3	스 3	행 3
☐	4	창 4	마 4	스 4	행 4
☐	5	창 5	마 5	스 5	행 5
☐	6	창 6	마 6	스 6	행 6
☐	7	창 7	마 7	스 7	행 7
☐	8	창 8	마 8	스 8	행 8
☐	9	창 9-10	마 9	스 9	행 9
☐	10	창 11	마 10	스 10	행 10
☐	11	창 12	마 11	느 1	행 11
☐	12	창 13	마 12	느 2	행 12
☐	13	창 14	마 13	느 3	행 13
☐	14	창 15	마 14	느 4	행 14
☐	15	창 16	마 15	느 5	행 15
☐	16	창 17	마 16	느 6	행 16
☐	17	창 18	마 17	느 7	행 17
☐	18	창 19	마 18	느 8	행 18
☐	19	창 20	마 19	느 9	행 19
☐	20	창 21	마 20	느 10	행 20
☐	21	창 22	마 21	느 11	행 21
☐	22	창 23	마 22	느 12	행 22
☐	23	창 24	마 23	느 13	행 23
☐	24	창 25	마 24	에 1	행 24
☐	25	창 26	마 25	에 2	행 25
☐	26	창 27	마 26	에 3	행 26
☐	27	창 28	마 27	에 4	행 27
☐	28	창 29	마 28	에 5	행 28
☐	29	창 30	막 1	에 6	롬 1
☐	30	창 31	막 2	에 7	롬 2
☐	31	창 32	막 3	에 8	롬 3

2월 February

☐	1	창 33 | 막 4 | 에 9-10 | 롬 4
☐	2	창 34 | 막 5 | 욥 1 | 롬 5
☐	3	창 35-36 | 막 6 | 욥 2 | 롬 6
☐	4	창 37 | 막 7 | 욥 3 | 롬 7
☐	5	창 38 | 막 8 | 욥 4 | 롬 8
☐	6	창 39 | 막 9 | 욥 5 | 롬 9
☐	7	창 40 | 막 10 | 욥 6 | 롬 10
☐	8	창 41 | 막 11 | 욥 7 | 롬 11
☐	9	창 42 | 막 12 | 욥 8 | 롬 12
☐	10	창 43 | 막 13 | 욥 9 | 롬 13
☐	11	창 44 | 막 14 | 욥 10 | 롬 14
☐	12	창 45 | 막 15 | 욥 11 | 롬 15
☐	13	창 46 | 막 16 | 욥 12 | 롬 16
☐	14	창 47 | 눅 1:1-38 | 욥 13 | 고전 1
☐	15	창 48 | 눅 1:39-80 | 욥 14 | 고전 2
☐	16	창 49 | 눅 2 | 욥 15 | 고전 3
☐	17	창 50 | 눅 3 | 욥 16-17 | 고전 4
☐	18	출 1 | 눅 4 | 욥 18 | 고전 5
☐	19	출 2 | 눅 5 | 욥 19 | 고전 6
☐	20	출 3 | 눅 6 | 욥 20 | 고전 7
☐	21	출 4 | 눅 7 | 욥 21 | 고전 8
☐	22	출 5 | 눅 8 | 욥 22 | 고전 9
☐	23	출 6 | 눅 9 | 욥 23 | 고전 10
☐	24	출 7 | 눅 10 | 욥 24 | 고전 11
☐	25	출 8 | 눅 11 | 욥 25-26 | 고전 12
☐	26	출 9 | 눅 12 | 욥 27 | 고전 13
☐	27	출 10 | 눅 13 | 욥 28 | 고전 14
☐	28	출 11:1-12:28 | 눅 14 | 욥 29 | 고전 15

3월 March

☐	1	출 12:29-51 | 눅 15 | 욥 30 | 고전 16
☐	2	출 13 | 눅 16 | 욥 31 | 고후 1
☐	3	출 14 | 눅 17 | 욥 32 | 고후 2
☐	4	출 15 | 눅 18 | 욥 33 | 고후 3
☐	5	출 16 | 눅 19 | 욥 34 | 고후 4
☐	6	출 17 | 눅 20 | 욥 35 | 고후 5
☐	7	출 18 | 눅 21 | 욥 36 | 고후 6
☐	8	출 19 | 눅 22 | 욥 37 | 고후 7
☐	9	출 20 | 눅 23 | 욥 38 | 고후 8
☐	10	출 21 | 눅 24 | 욥 39 | 고후 9
☐	11	출 22 | 요 1 | 욥 40 | 고후 10
☐	12	출 23 | 요 2 | 욥 41 | 고후 11
☐	13	출 24 | 요 3 | 욥 42 | 고후 12
☐	14	출 25 | 요 4 | 잠 1 | 고후 13
☐	15	출 26 | 요 5 | 잠 2 | 갈 1
☐	16	출 27 | 요 6 | 잠 3 | 갈 2
☐	17	출 28 | 요 7 | 잠 4 | 갈 3
☐	18	출 29 | 요 8 | 잠 5 | 갈 4
☐	19	출 30 | 요 9 | 잠 6 | 갈 5
☐	20	출 31 | 요 10 | 잠 7 | 갈 6
☐	21	출 32 | 요 11 | 잠 8 | 엡 1
☐	22	출 33 | 요 12 | 잠 9 | 엡 2
☐	23	출 34 | 요 13 | 잠 10 | 엡 3
☐	24	출 35 | 요 14 | 잠 11 | 엡 4
☐	25	출 36 | 요 15 | 잠 12 | 엡 5
☐	26	출 37 | 요 16 | 잠 13 | 엡 6
☐	27	출 38 | 요 17 | 잠 14 | 빌 1
☐	28	출 39 | 요 18 | 잠 15 | 빌 2
☐	29	출 40 | 요 19 | 잠 16 | 빌 3
☐	30	레 1 | 요 20 | 잠 17 | 빌 4
☐	31	레 2-3 | 요 21 | 잠 18 | 골 1

《일러두기》

교훈을 좀 더 효과적으로 연결하기 위해서 때때로 순서를 바꾸어 해설했습니다.
의미를 엮기 위한 구조로 읽기 순서와는 상관이 없습니다.
독자께서는 맥체인 성경 읽기의 순서대로 읽어 나가시면 됩니다.

머리말

좋은 목자는 어떻게 하면 양들에게 좋은 풀을 먹일 수 있을지를 고민합니다. 마찬가지로 참된 목사는 어떻게 하면 성도들이 성경을 힘써 읽게 할 수 있을지를 늘 고민합니다. 새해가 시작될 때마다 성도들은 성경읽기를 결단합니다. 그러나 3개월을 채 넘기지 못하는 경우가 많습니다. 여러 이유를 대지만 대개는 핑계입니다. 하지만 귀담아 들을 만한 이유도 있습니다. 주야장천 읽기는 하지만 그 뜻을 이해하지 못하여 유익함을 전혀 누리지 못하기에 읽다가 멈추게 된다는 것입니다. 유익함을 누리지 못하고 의무감으로 억지로 읽다 보면 어느덧 성경읽기가 무거운 짐이 되어 버린다는 것인데, 충분히 공감할 만합니다. 은혜의 방편이 되어야 할 성경읽기가 율법의 멍에가 되어 버렸기 때문입니다.

약 200년 전 로버트 맥체인 목사님은 자신이 목양하는 성도들을 위해 성경읽기표를 만들었습니다. 소위 말하는 '맥체인 성경읽기표'입니다. 이 표는 구약과 신약을 엮어서 1년 동안 성경 전체를 읽을 수 있도록 구성되어 있습니다. 맥체인 성경읽기표를 따라 읽으면 성경이 하나의 주제로 연결된 한 권의 책임을 깨닫게 됩니다. 존 스토트와 같은 믿음의 선배들은 맥체인 성경읽기표를 활용하여서 평생 동안 성경읽기와 연구를 하였다고 합니다. 그만큼 신뢰할 만한 성경읽기표입니다. 그러나 좋은 성경읽기표를 활용한다고 하여도 앞서 말한 바와 같이 그 유익을 누리지 못하면 아무런 소용이 없습니다. 또 다른 율법의 멍에가 될 뿐입니다.

『맥체인 성경읽기 해설』은 바로 그런 고민에서 시작되었습니다. 성도들이 생명의 양식을 골고루, 그리고 꾸준히 먹을 수 있도록 돕는 도구를 만들고

자 한 것입니다. 구약과 신약의 통일성을 유지하되 억지로 연결시키려고 하지는 않았습니다. 할 수 있는 한 그리스도 중심적 해석을 시도하였지만, 마찬가지로 억지로 만들어 내려고 하지는 않았습니다. 모든 성경이 그리스도를 가리키나 모든 본문이 그리스도를 담고 있는 것은 아니기 때문입니다. 또한 해당 본문이 드러내고 있는 중심 사상을 간략히 해설하여서 성경을 유익하게 읽을 수 있도록 돕고자 노력하였습니다. 자신이 읽고 있는 본문의 의미를 몰라서 아무런 유익도 누리지 못한 채 그저 의무적으로만 읽는 성도들이 없기를 바라는 마음입니다. 전문적인 해석이 아니라 중심 사상의 간략한 해설이 목표라서 지나치게 요약되거나 건너뛰어서 그 의미가 선명하지 않은 부분도 있습니다. 이 해설서의 목표를 헤아리셔서 부디 너그럽게 이해해 주시길 부탁드립니다.

『맥체인 성경읽기 해설』을 활용하는 방법은 다음과 같습니다.

1. 진리의 교사이신 성령께서 성경읽기에 함께해 주시길 기도합니다.
2. 『맥체인 성경읽기 해설』을 먼저 읽습니다.
3. 해당 본문을 읽으면서 그 전체적인 의미를 파악합니다.
4. 맥체인 성경읽기를 하는 성도들과 함께 해당 본문에 대해 나눕니다.

그 외 각자가 다양한 방법으로 활용할 수 있습니다.
성경읽기에 큰 복이 있기를 기도합니다.

저자 임승민

January / 1월

1월 January 01

창세기1장 • 마태복음1장 • 에스라1장 • 사도행전1장

창세기 1장은 세상과 인류의 시작을 설명합니다. 주목할 숫자는 '7'입니다. 1장 1절은 7개의 히브리어 단어로 기록되었고, 1장에서 '보시기에 좋았더라'는 말도 7번 반복됩니다. 저자인 모세가 7이라는 숫자를 의도적으로 사용하는 이유는 하나님의 창조가 그만큼 완전함을 보여 주기 위해서입니다. 창세기 1장에서 하나님은 자존하시고 전능하시며 신실하신 분으로 드러납니다. 특히 그분의 언어가 신실한데, 본문은 '이르시되 … 그대로 되니라'는 문장을 열 번 반복하여 그것을 강조합니다. 모세는 하나님의 창조를 기록함으로 애굽에서 피조물들을 신으로 섬기던 이스라엘 백성들에게 '여호와만이 참된 신'이심을 가르칩니다. 인간도 하나님의 피조물일 뿐입니다. 하나님의 형상으로 창조된 인간은 하나님께 복을 받습니다. 하나님께서 창조하신 모든 것은 하나님께 의존되어 있고, 하나님께 의존되어 있는 그 상태가 바로 최고의 복입니다.

에스라 1장은 바벨론에게 멸망당했던 유다가 "예레미야의 입을 통하여 하신 말씀"(1절)을 따라서 회복되는 장면입니다. 그때 하나님은 이방의 왕이었던 고레스를 사용하십니다. "바사 왕 고레스의 마음을 감동시키시매"(1절). 에스라서 역시 "하나님만이 참된 신"(3절)이심을 강조합니다. 하나님은 고레스왕의 마음을 또 충동하셔서 성전 재건에 사용할 재물도 내어 주게 하십니다. 믿음이 부족한 우리 눈에는 권력자가 먼저 보이고 돈이 먼저 보이지만 실제로 세상을 다스리시는 분은 하나님이십니다. 그러므로 하나님께 의존하는 자가 복을 받습니다. 하나님께 의존된 상태를 거부하고 스스로 복을 얻으려고 애를 쓸수록 인생은 더욱 비참해질 뿐입니다.

에스라 1장이 범죄한 이스라엘을 회복시키시는 하나님의 이야기라면, **마태복음 1장**은 타락한 인류를 회복시키시는 하나님의 이야기입니다. 본문에서 우리는 구약이 그리스도를 목적하고 있었다는 사실을 발견합니다. '아브라함부터 다윗까지, 다윗부터 바벨론까지, 바벨론부터 그리스도까지'(17절). 하나님은 한 가지 목적을 향해 역사를 인도하셨습니다. 그리고 역사를 인도하시던 하나님께서 친히 역사 속으로 뛰어드셨습니다. '임마누엘'(23절)하신 것입니다. 하나님께 의존된 상태를 거부하고 스스로 복을 얻으려고 애를 쓰는 인생 가운데로 예수 그리스도께서 오셨습니다. 예수 그리스도로 말미암아 인간들은 다시 하나님께 의존된 인생이 되어 복받은 존재로 회복될 것입니다.

사도행전 1장은 구속사의 결말이며 서론이라 할 수 있습니다. 창조로부터 그리스도에 이르는 구속사에서는 결말이고, 그리스도로부터 온 세상으로 향하는 구속사에서는 서론입니다. 사도행전은 1장 8절의 말씀이 그대로 되어 가는 이야기입니다. 이것은 마치 '이르시되 … 그대로 되니라'(창 1장)는 말씀과 같고, '예레미야의 입을 통하여 하신 말씀이 성취되는 것'(스 1장)과 같습니다. 결국 모든 것은 하나님께서 말씀하신 그대로 됩니다. 인생도 하나님께서 말씀하신 그대로 됩니다. 그러므로 우리는 하나님의 말씀을 신뢰하고 그 말씀 안에서 살기를 소망해야 합니다. '하나님만이 참된 신'이심을 믿고 '하나님의 말씀은 항상 그대로 된다는 것'을 믿으며 '임마누엘하신 그리스도 안에서만 참된 복을 얻을 수 있음'을 굳건히 믿으시기 바랍니다.

1월 January 02

창세기2장 • 마태복음2장 • 에스라2장 • 사도행전2장

창세기 2장은 하나님의 이름을 '여호와'로 칭합니다. 여호와라는 이름은 하나님과 인간 사이에 맺어진 언약 관계를 드러낼 때 주로 사용됩니다. 창조주 하나님은 우리와 멀리 떨어진 '신'이 아니라 우리를 찾아오시는 '여호와'이십니다. 코에 생기를 불어넣으심으로 사람과 얼굴을 맞대신 하나님은 선악을 알게 하는 나무를 표지로 세워서 언약을 체결하십니다. 언약을 통해 하나님과 인간은 왕과 백성 사이가 됩니다. 하나님은 돌보시고 인간은 순종하는 '특별한' 관계가 된 것입니다. 또한 하늘의 권세를 위임받은 아담은 돕는 배필 여자와 혼인하여 복된 인생을 살아가게 됩니다. 에덴동산은 하나님께서 통치하시는 복된 나라가 어떤 곳인지를 보여 줍니다. 그곳에서는 하나님께서 왕이십니다. 만물은 그분을 중심으로 움직입니다. 하나님 중심의 나라에는 풍요와 생명과 연합과 질서가 가득합니다. 반면에 하나님 중심이 깨진 나라에는 빈곤과 죽음과 분열과 혼란이 있습니다.

에스라 2장은 하나님 중심이 깨진 나라, 곧 반역한 이스라엘의 참혹한 결과가 회복되는 과정을 보여 줍니다. 당시 예루살렘에는 빈곤과 죽음과 분열과 혼란이 가득했는데, 하나님께서 친히 그곳에 풍요와 생명과 연합과 질서를 채워 가십니다. 흩어졌던 백성들이 예루살렘에 모여듭니다. 제사장들과 레위 족속, 그리고 성전에서 노래하는 사람들이 먼저 예루살렘을 채웁니다. 그리고 성전 재건 계획을 세웁니다. "어떤 족장들이 예루살렘에 있는 여호와의 성전터에 이르러 하나님의 전을 그곳에 다시 건축하려고 예물을 기쁘게 드리되"(68절). 성전 재건은 하나님 중심 신학의 회복을 상징합니다. 하나님께서 중심에 계셔야 합니다. 하나님을 중심에 모시

고 사는 자는 복을 얻습니다.

마태복음 2장에는 두 도시 곧 예루살렘과 베들레헴이 등장합니다. 예루살렘은 성전이 있는 곳으로 이스라엘의 중심 도시입니다. 반면 베들레헴은 매우 작은 마을입니다. 이 두 도시 중에 이스라엘의 참된 왕이 나신 곳은 어디입니까? 예루살렘이 아니라 베들레헴입니다. 불법과 악, 거짓과 위선이 가득한 예루살렘에 있는 성전은 진짜가 아닙니다. 베들레헴에서 태어나신 예수님이 진짜 성전입니다. 예루살렘과 베들레헴의 대조는 계속되는데, 예루살렘에 있던 유대인들은 예수님을 몰라봤지만 베들레헴까지 찾아온 이방인들은 예수님을 알아보고 경배를 드렸습니다. 이것은 일종의 모형으로 이제 곧 혈통이 아니라 오직 예수 그리스도를 믿는 믿음 안에서 사람들이 복을 얻게 될 것을 예고합니다.

이 예고는 **사도행전 2장**에서 구체적으로 성취됩니다. 약속하신 성령님께서 오십니다. 성령을 받은 제자들이 각국 방언으로 하나님의 큰일을 말합니다. 이로 말미암아 예루살렘에 모여 있던 헬라파 유대인들과 개종한 이방인들이 자기 나라의 언어로 하나님의 큰일을 듣습니다. 사람들이 웅성거릴 즈음 베드로가 나서서 예수 그리스도를 전합니다. 그리스도에 관한 이야기, 곧 복음을 듣게 된 유대인들이 심히 괴로워합니다. 그때 베드로가 이렇게 말합니다. “너희가 회개하여 각각 예수 그리스도의 이름으로 세례를 받고 죄 사함을 받으라 그리하면 성령의 선물을 받으리니”(38절). 예루살렘에서 일어난 이 사건은 헬라파 유대인들과 개종한 이방인들로 말미암아 로마 지역 전체로 퍼져 갑니다. 예루살렘성전이 아니라 참된 성전이신 예수 그리스도를 중심으로 복이 전파되기 시작한 것입니다. 그리스도만이 인생의 유일한 소망입니다.

1월 January 03

창세기3장 • 마태복음3장 • 에스라3장 • 사도행전3장

창세기 3장에는 인간이 타락하는 이야기가 나옵니다. 하나님과 언약을 맺은 인간은 늘 말씀대로 살아야 합니다. 그것이 모든 선택의 기준이 되어야 합니다. 그러나 아담과 하와는 말씀을 비틀고 자신의 판단을 높였습니다. 말씀대로가 아니라 자기 눈과 마음이 끌리는 대로 선악과를 먹어 버렸습니다. 스스로 하나님과 같이 되고자 '반역과 불순종의 죄'를 저지른 것입니다. 죄의 결과는 참혹합니다. 아담과 하와는 생전 처음 두려움과 수치심이라는 감정을 느꼈습니다. 사람들을 괴롭히는 부정적인 감정이 바로 이 순간에 발생한 것입니다. 하나님을 잃어버린 자들은 지속적으로 부정적인 감정에 시달리게 되어 있습니다. 반역과 불순종의 죄는 하나님 중심의 세상에도 커다란 균열을 일으켰습니다. 하나님과 사람이 분리되고 남자와 여자가 멀어지며 사람과 피조물 사이가 갈라집니다. 이로 말미암아 사람은 늘 피곤하고 불안하며 수고하고 고통스러운 인생을 맞이하게 됩니다. 하나님 중심성을 잃어버린 인간은 열과 성을 다해 종교 행위를 하여도 사실 하나님을 예배하는 것이 아닙니다. 정성껏 종교 행위를 하는 자기 자신을 예배하는 것입니다. 이것이 바로 죄요 우상 숭배입니다. 성경은 '반역, 교만, 간음'이라는 단어를 사용해서 죄와 우상 숭배를 표현합니다. 특히, 구약은 이 세 단어를 이스라엘 백성들의 범죄 행위를 지칭할 때 곧잘 사용합니다.

에스라 3장에는 반역하고 간음한 이스라엘을 회복시키시는 하나님의 사랑이 나옵니다. 이것은 마치 죄를 지은 아담에게 가죽옷을 지어 입히신 사건과 같습니다. 다행히 이스라엘 백성들은 문제를 인식하고 있었고 그에 대한 해답으로 성전 건축을 시작합니다. 성전은 하나님 중심을 상징하는 건축물입니다. 뿐만 아니라 모세의 율법대로 행합니다. 성전 터에 번제단

을 세우고(2절) 초하루 등에 번제를 드립니다(4-6절). 이후 스룹바벨이 중심이 되어 성전 머릿돌을 놓습니다(8-13절). 하나님 중심의 인생이 회복되기 시작한 것입니다.

마태복음 3장은 인간의 본성은 시대와 상관없이 늘 동일하다는 것을 보여 줍니다. 당시 이스라엘 백성들은 에스라 시대에 회복되었던 하나님 중심의 인생을 잃어버린 상태였습니다. 그들은 스스로의 기준 안에서 하나님을 만족시키고자 애를 썼습니다. 웅장한 성전 건축물이 있었고 엄밀하게 율법을 준수하였지만 정작 성전과 율법의 주인이신 하나님은 없었습니다. 하나님 중심이 아니라 자기 중심의 인생에는 수많은 종교 행위가 있어도 의의 열매는 나타나지 않습니다(7-8절). 세례 요한은 그와 같은 위선을 고발합니다. 위선은 스스로의 힘으로는 고칠 수 없는 영적 질병입니다. 인간의 반역적 성품은 교묘하고 끈질겨서 결코 스스로 해결할 수가 없습니다. 가장 커다란 문제는 이와 같은 위선과 반역적 성품에는 치명적인 결과가 따라온다는 점입니다. 바로 영원한 사망입니다. 그러므로 우리에게는 반드시 구원자가 필요합니다. 하나님은 당신의 아들을 구원자로 내어 주셨는데, 그가 곧 예수 그리스도입니다. 예수 그리스도만이 우리 본성 안에 있는 죄를 제거하고 우리에게 영원한 생명을 주실 수 있습니다.

사도행전 3장은 성전을 배경으로 합니다. 성전 미문 앞에 앉아 구걸을 하던 하반신 장애인과 화려하나 생명을 줄 수 없었던 헤롯 성전이 대조됩니다. 이 묘한 장면 한복판에서 예수님의 이름이 크게 울려 퍼집니다(6절). 오랜 세월 동안 절망에 사로잡혀 있던 인생이 예수님의 이름으로 회복됩니다. 하반신 장애인이 자리에서 일어나 뛰게 된 것입니다. 베드로는 곧장 그리스도를 전파합니다. 모세와 선지자가 가리킨 분이 바로 예수님이라고 증거합니다. 그분의 십자가와 부활을 증언합니다. 인간의 타락과 그로 말미암아 찾아온 처참한 결과(창 3장)가 예수 그리스도로 말미암아 완전히 회복되었습니다. 누구든지 그리스도를 믿는 자는 복된 인생을 살 수 있습니다.

1월 January 04

창세기4장 • 마태복음4장 • 에스라4장 • 사도행전4장

창세기 4장은 '가인'의 이야기입니다. 모세는 아벨을 '그의 아우'(8절)라고 표현하여 4장의 중심인물이 가인임을 보여 줍니다. 타락 후 에덴동산 밖의 풍경이 처음 묘사되는데, 주로 '죄'와 관련된 것입니다. 4장에서 묘사하는 죄는 이렇습니다. 첫째, 죄는 하나님과 인간의 관계를 파괴합니다. 가인이 드린 제사처럼 거짓 예배를 생산합니다(5절). 둘째, 인간과 인간의 관계를 파괴합니다. 가인은 분노에 사로잡혀서 사랑해야 할 형제를 살해합니다(8절). 셋째, 죄를 지은 후 하나님을 찾아가지 않습니다. 가인은 아버지처럼 자신이 지은 죄를 숨기고 외면하고 변명합니다(9절). 반면에 하나님은 죄를 항상 동일하게 대하십니다. 가인은 아버지 아담처럼 살던 곳에서 쫓겨납니다(12절). 가인의 후손들은 탁월한 재능을 발휘하여 문명을 이룹니다. 그러나 하나님의 계보는 하나님의 이름을 부르는 셋의 후손에게로 이어집니다. 가인과 아벨의 대조는 역사 속에 늘 있었습니다. 가인은 하나님을 중요하게 여기지 않고 제멋대로 사는 자들의 대표입니다. 반면에 아벨은 하나님을 경외하는 자들의 대표입니다. 가인에 속한 자들은 아벨에 속한 자들을 이상히 여기고 미워하며 적대합니다.

에스라 4장에도 하나님께 속한 자들을 미워하는 가인과 같은 자들이 나옵니다. 하나님의 섭리 가운데 예루살렘으로 귀환할 수 있었던 이스라엘 백성들은 가장 먼저 성전을 건축합니다. 그런데 근처에 있던 이방인들이 그것을 싫어합니다(1절). 그들은 성전 건축을 방해하기 위해 교묘한 꾀를 냅니다. 먼저 '함께 성전을 건축하자'고 제안합니다(2절). 스룹바벨 등 이스라엘의 지도자들은 단번에 거절합니다(3절). 이방인들은 포기하지 않고 두 번째 꾀를 냅니다. 바사 왕에게 상소문을 보낸 것입니다. 상소문에는 '이스라엘이 성전과 성벽을 재건하게 되면 반역할 것'이라는 글이 적혀 있었습니다(5, 6절). 상소문이 먹혀들었습니다. 성전 공사가 중단됩니다(24절). 여기서 우리는 대적자들의 교활한 꾀를 발견합니다. 그들은 하나님 나라에 속한 자들을 무너뜨리고 싶어 하는데, 회유와 협박 등의 수단을 사용합니다. 가인의 세상에서 살아가는 하나님의 백성들은 늘 일정한 위협을 받습니다. 예수님도 그러하셨습니다.

마태복음 4장에서 예수님은 마귀의 시험을 받습니다. 마귀는 '생존에 대한 욕구, 자기 증명에 대한 욕구, 성공에 대한 욕구' 등을 앞세워 예수님을 회유하고 협박합니다. 아담과 그의 후손들이 통과하지 못한 이 시험을 둘째 아담이신 예수님께서 통과하십니다. 마귀의 시험에서 승리하신 그분은 참된 목자가 되십니다. 이 세상에서 회유와 협박을 받아 늘 두려워하고 염려하여 패배하였던 우리를 승리의 길로 인도하십니다. 승리의 목자 되신 예수 그리스도로 말미암아 우리도 승리할 수 있게 되었습니다. 예수님은 가인의 후손들이 권세를 잡은 이 땅에서 빛이 되시고(15-16절) 치유자가 되셔서(23-24절) 하나님께 속한 자들이 승리하도록 이끄십니다. 그러므로 예수님을 주와 그리스도로 믿는 자들은 이 세상에서 승리의 깃발을 흔들며 담대히 살아갈 수 있습니다.

사도행전 4장에 나오는 예수님의 제자 베드로와 요한이 그와 같은 모습을 보여 줍니다. 그들은 더 이상 겁쟁이가 아닙니다. '생존에 대한 욕구, 자기 증명에 대한 욕구, 성공에 대한 욕구'에 사로잡혀서 그것을 잃어버릴 위기 앞에 믿음을 내던졌던 과거의 제자가 아닙니다. 베드로는 자기의 생존과 존재와 성공을 좌우할 수 있는 종교 권력자들 앞에서 담대히 예수 그리스도의 이름을 전합니다(8-10절). 그리스도의 승리 안에서 자신의 승리를 미리 맛본 제자들은 더 이상 이 세상에 속한 것들을 두려워하지 않았습니다. 사람, 돈, 권력, 명예, 그 어떤 것도 더 이상 그들을 흔들 수 없었습니다. 이제 제자들이 신경 쓰는 것은 딱 한 가지입니다. 바로 이것입니다. "하나님 앞에서 너희의 말을 듣는 것이 하나님의 말씀을 듣는 것보다 옳은가 판단하라"(19절).

1월 January 05

창세기5장 • 마태복음5장 • 에스라5장 • 사도행전5장

창세기 5장은 아담의 계보입니다. 창세기에 나오는 계보는 구속사적 관점에서 중요합니다. 저자인 모세는 '10'과 '7'이라는 숫자에 맞춘 기록을 선호합니다. 예를 들어, 7대손에는 '에녹'을 놓고 10대손에는 '노아'를 배치합니다. '누가 누구를 낳고'라는 문장은 정확히 부자(父子) 관계를 의미하기보다 특정 숫자에 맞추기 위한 장치일 때가 많습니다. 5장에서 주목할 사람은 7대손 에녹과 10대손 노아입니다. 에녹은 하나님과 평생을 동행한 사람이라고 묘사됩니다. 히브리서 11장 5절은 그가 믿음으로 죽음을 보지 않고 옮겨졌다고 합니다. 또한 그가 하나님을 기쁘시게 하는 자였다고 합니다. 하나님께서는 당신의 나라를 믿음을 가진 자들을 통해 이어 가십니다. 이 계보의 목적은 노아를 소개하는 것입니다. 안식의 아들 노아는 6장에서 일어날 사건의 주인공입니다.

에스라 5장은 멈추었던 성전 건축을 다시 시작하는 이야기입니다. 당시 이스라엘은 신학적인 위기를 맞이합니다. '여호와 하나님이 정말 참된 신인가? 정말로 능력이 있는 신인가? 그렇다면 어찌하여 우리는 멸망을 당했는가?' 성전 재건 사업은 이와 같은 신학적 위기를 타파할 수 있는 기회였는데, 그마저도 이방인들의 방해로 중단되고 말았습니다. 약 20년간 중단되었던 성전 건축이 학개와 스가랴의 예언과 함께 시작됩니다. 그러나 이때 긴장할 만한 일이 터집니다. 총독 닷드내가 다리오왕에게 편지를 보내서 이 일이 정말로 왕이 허락한 일인지를 질문한 것입니다. 본문에 나오는 긴장감은 사실 우리가 일상에서 충분히 느낄 만한 것입니다. 이런 생각에 빠질 수 있기 때문입니다. '하나님은 나 같은 사람에게 관심을 갖고 계실까? 하나님께서 정말로 계시다면 왜 나에게 이런 일이 자주 일어날까?' 삶의 위기는 곧장 신학적 위기로 달려갑니다. 우리는 꽤 자주 위기에 빠집

니다. 세상은 크고 우리는 작아서 초라하게 느껴질 때도 많습니다. 이것은 우리를 신학적인 위기로까지 몰아붙이는데 사실 그때야말로 참된 신학을 회복해야 할 때입니다. 하나님 나라는 세상 권력자와 그에 빌붙은 자들이 아니라 하나님께 속한 자들을 통해서 전개됩니다. 그러므로 삶의 위기를 만났을 때 더욱 하나님을 믿어야 합니다.

마태복음 5장에서 예수님은 복 받은 자들에 관해 말씀하십니다. 복 받은 자들은 가난과 애통, 온유와 의, 긍휼과 청결, 화평과 핍박이 있는 자들입니다. 세상 나라에서는 망하는 삶이지만 하나님 나라에서는 복 받은 삶입니다. 에녹의 삶이요 노아의 삶이요 이스라엘의 삶입니다. 하나님께 속한 사람들은 빛과 소금으로 살아갑니다. 세상이 가르치는 삶의 방식이 아니라 예수님께서 가르치시는 삶의 방식, 곧 사랑으로 삽니다. 그것은 그리스도께서 살아가신 방식이고 그리스도께 속한 자들만이 살아갈 수 있는 방식입니다. 겉으로 나타나는 윤리적 삶에 만족하지 않고 속마음까지 사랑으로 충만한 삶을 추구합니다.

사도행전 5장은 세상의 방식을 따르는 자들에 관한 이야기로 시작합니다. 아나니아와 삽비라입니다. 그들은 성령과 교회를 속입니다. 세상 나라의 기준으로는 제법 계산적이고 합리적으로 보일 수 있지만, 하나님 나라의 기준으로는 어리석고 미련한 것이었습니다. 제자들은 정반대였습니다. 세상 나라의 기준으로는 어리석었지만 하나님 나라의 기준으로는 지혜로웠습니다. 그들은 성전에서 예수님을 전하다가 체포됩니다. 종교 권력자들이 무섭게 위협하였습니다. 그러나 제자들은 예전의 그들이 아니었습니다. 그들은 진정 하나님 나라에 속한 자들이었습니다. 다음과 같이 말합니다. "사람보다 하나님께 순종하는 것이 마땅하니라"(29절). 세상의 방식으로는 망하는 길을 택한 것처럼 보였지만 그들은 망하지 않았습니다. 오히려 그들은 복 받은 자임을 증명하였습니다. 예수님께서 말씀하신 것처럼 제자들은 '예수님의 이름을 위하여 능욕을 받는 일에 합당한 자'(마 5:10-12)가 되었습니다.

1월 January 06

창세기6장 • 마태복음6장 • 에스라6장 • 사도행전6장

창세기 6장에는 인류의 타락과 하나님의 심판 이야기가 나옵니다. 아담의 범죄 이후 그의 후손들은 죄에 익숙해졌습니다. 그 결과 죄악이 세상에 가득해졌고 인간의 마음으로 생각하는 모든 계획이 악해졌습니다(5절). 하나님의 아들들(셋의 후손)이 사람의 딸들(가인의 후손)의 아름다움을 보고 자기들이 좋아하는 모든 여자로 아내를 삼았다는 것(2절)은 하나님의 계보가 끊어졌음을 의미합니다. 그러나 하나님의 은혜는 끊어지지 않았습니다. 악한 자들에게는 심판이 예고되었지만 노아와 그의 가족들은 하나님의 약속을 받습니다(18절). 노아는 하나님께서 자기에게 명하신 대로 다 준행합니다(22절).

심판과 구원의 구조는 **에스라 6장**에서도 드러납니다. 바벨론에게 멸망당했던 이스라엘은 그 이유가 조상들의 반역에 있음을 고백합니다. "우리 조상들이 하늘에 계신 하나님을 노엽게 하였으므로 하나님이 그들을 갈대아 사람 바벨론 왕 느부갓네살의 손에 넘기시매 그가 이 성전을 헐며 이 백성을 사로잡아 바벨론으로 옮겼더니"(스 5:12). 반역은 심판을 불러옵니다. 이것은 논리적인 결과요 마땅한 보응입니다. 하나님께 반역한 자들은 하나님의 심판을 받습니다. 그러나 하나님은 은혜 베풀기를 좋아하십니다. 심판 가운데 구원을 행하시는 분입니다. 노아 때 방주를 마련하여 구원을 베푸신 것처럼, 에스라 시대에는 성전을 건축하여 이스라엘 가운데 또 임하여 주십니다. 구원을 베푸시기 위해 권력자들을 수단 삼으시는데, 이번에는 다리오왕을 사용하십니다. 다리오왕은 옛 문서를 확인한 후에 예루살렘성전 건축을 허가합니다. 성전은 곧 완공됩니다. 성전 봉헌식을 하고 유월절을 지킴으로 이스라엘 백성들은 이 모든 것이 하나님의 은혜

요 섭리임을 고백합니다(22절).

심판과 구원의 구조 앞에서 우리는 하나님의 은혜뿐만 아니라 우리의 죄도 생각해 봐야 합니다. **마태복음 6장**은 위선의 죄를 다룹니다. 사람들은 외적인 종교 행위 몇 가지로 신앙을 쉽게 획득하고자 합니다. 예수님은 위선자의 가장 중요한 특징을 '사람에게 보이기 위한 동기'라고 말씀하십니다(1절). 위선자는 사람에게 보이려고 종교 행위를 합니다. 기도, 구제, 금식 등의 종교 행위를 통해 명예를 얻고자 합니다. 평판은 그들을 움직이는 가장 중요한 동기입니다. 위선은 하나님께서 미워하시는 죄입니다. 사람에게 보이려고 기도하지 말고 하나님 앞에서 진심으로 기도해야 합니다. 예수님께서 가르치신 기도, 곧 주기도는 하나님 중심의 기도가 어떤 것인지를 보여 줍니다. 금식하는 자도 위선을 경계해야 합니다. 무엇보다 마음과 행위의 관계를 바르게 잘 이해해야 합니다. 마음으로부터 행위가 나오기 때문입니다. 하나님을 마음에 담은 사람은 하나님 중심적인 행위를 합니다. 하나님을 의지하고(31절), 하나님을 우선시합니다(33절).

사도행전은 그분의 나라와 그분의 의를 구하는 자들에 관한 기록입니다. **사도행전 6장**에는 초대 교회가 맞이한 최초의 내적 위기가 나옵니다. 헬라파에 속한 과부들이 구제에 빠진 일로 말미암아 헬라파와 히브리파 유대인 사이에 충돌이 생긴 것입니다(1절). 사도들은 내적 위기에 맞서 지혜를 발휘합니다. 이 문제도 잘 해결하고 자신들은 '기도하는 일과 말씀 사역에 힘쓰기 위해'(4절) 집사들을 선출한 것입니다. 지혜로운 결정은 그분의 나라와 그분의 의를 더욱 확장시킵니다. "하나님의 말씀이 점점 왕성하여 예루살렘에 있는 제자의 수가 더 심히 많아지고"(7절). 내적 위기를 해결한 초대 교회가 이번에는 외적 위기를 만납니다. 복음을 전파하던 스데반이 공회에 끌려간 것입니다. 그러나 심판 가운데 구원의 은혜를 전하는 스데반의 얼굴은 천사와 같았습니다(15절).

1월 January 07

창세기7장 • 마태복음7장 • 에스라7장 • 사도행전7장

창세기 7장에 나오는 이야기는 심판과 구원이 반드시 있음을 보여 주는 모형입니다. 노아 시대에 홍수로 악한 인간들을 심판하신 하나님은 종말에도 반드시 심판하실 것입니다. 또한 노아 시대에 방주 안에 있는 노아와 그의 가족들을 구원하신 하나님은 종말에도 예수 그리스도 안에 있는 자들을 반드시 구원하실 것입니다. 이와 같이 심판과 구원을 생각하는 신앙을 종말론적 신앙이라고 합니다. 종말을 바라보는 신자가 이 땅에서 할 일은 순종입니다. "노아가 여호와께서 자기에게 명하신 대로 다 준행하였더라"(5절). "하나님이 그에게 명하신 대로 들어가매"(16절). 믿음을 가지고 순종하는 자를 통해 하나님께서는 구원의 역사를 이루어 가십니다.

에스라 7장에는 새로운 주제가 나옵니다. 1–6장에서는 성전과 의식이 회복됩니다. 그리고 7장부터는 성전 중심의 종교 개혁이 나옵니다. 아론의 16대손 에스라가 이 종교 개혁을 주도합니다. 그는 '율법에 익숙한 학자였으며 하나님의 도우심으로 왕에게 구하는 것은 다 받는 자'였습니다(6절). 에스라는 성전이 완공된 지 57년 만에 예루살렘에 도착한 후 "여호와의 율법을 연구하여 준행하며 율례와 규례를 이스라엘에게 가르치기로 결심"(10절)하였습니다. 아닥사스다왕은 당시 페르시아가 사용했던 정책대로 민족 종교를 장려하는 조서를 같이 보냈습니다. 그러나 성경은 이 모든 것이 하나님의 뜻이라고 말합니다. "그가 왕의 마음에 예루살렘 여호와의 성전을 아름답게 할 뜻을 두시고 또 나로 … 은혜를 얻게 하셨도다"(27–28절). 에스라의 종교 개혁은 율법을 가르쳐 지키게 하는 것이었습니다. 참된 개혁은 건물 등 상징이 회복되는 것만이 아니고 상징의 내용까지 회복

되는 것입니다. 즉, 종교 개혁의 성공 여부는 사람이 마음을 다해 하나님을 경외하고 그분의 계명에 순종하느냐에 달려 있습니다.

마태복음 7장에서 산 위의 교훈, 곧 산상수훈이 마무리됩니다. 6장과 마찬가지로 위선과 거짓, 그리고 믿음과 순종에 관한 교훈이 계속됩니다. 위선자는 자기를 돌아보지 않습니다(1-5절). 위선자는 하나님을 향한 진심이 없이 하나님을 위한 행위를 합니다. 그래서 제법 비슷해 보입니다. 하지만 확연한 차이가 있습니다. 입으로는 신앙 언어를 남발하고 행위로는 종교 활동을 벌이지만(22절), 삶에는 선한 열매가 없다는 점입니다(15-20절). 참된 순종이 없습니다. 하나님을 사랑하여 하나님의 뜻대로 행하는 삶이 없습니다. 심판과 구원이 이루어지는 날에 위선자는 "불법을 행하는 자들아 내게서 떠나가라"(23절)는 말을 듣게 될 것입니다. 그러므로 오늘 우리의 마음과 삶이 반석 위에 있는지를 점검하는 것은 결코 하찮은 일이 아닙니다.

사도행전 7장은 스데반이 설교한 후 순교당하는 일을 기록합니다. 스데반은 구약을 들어 구속사적인 설교를 합니다. 아브라함, 야곱, 모세, 다윗, 솔로몬 등의 인물과 할례, 홍해, 광야, 성전 등의 상징을 통해 참된 의인 예수님을 전합니다. 또한 '목이 곧고 마음과 귀에 할례를 받지 못한 조상들처럼 지금 유대인들도 성령을 거스르고 있다'(51절)고 지적합니다. 스데반의 설교는 유대인들을 분노하게 했습니다. 그들은 마음과 귀를 열어 복음을 듣는 대신 귀를 닫고 돌을 들어 스데반을 죽이기로 했습니다. 그 자리에서 심판과 구원이 일어났는데, 세상 나라에서 심판을 받은 스데반이 하나님 나라에서는 환영을 받은 것입니다. 그리고 마지막 날에는 정확히 그 반대로 심판과 구원이 일어날 것입니다.

1월 January 08

창세기8장 • 마태복음8장 • 에스라8장 • 사도행전8장

창세기 8장은 1절의 '기억하사'라는 단어와 20-22절에 나오는 '언약'이 큰 구조를 형성합니다. 하나님의 구원은 하나님께서 당신의 언약을 기억하시는 것으로 시작됩니다. 하나님은 노아를 찾아오셔서 구원을 약속하셨고 그것을 기억하셨습니다. 정말로 그렇습니다. 구원은 사람의 노력에 달려 있지 않습니다. 항상 하나님께 달려 있습니다. 하나님께서 바람을 잠재우시고 물을 증발시키십니다. 노아는 하나님의 때를 신중하게 기다립니다. 드디어 약 1년 만에 육지에 도착하게 된 노아는 정결한 짐승을 골라 하나님께 제사를 드립니다. 하나님은 다시 인류를 돌보시겠다는 약속을 해 주십니다.

구원의 시작은 하나님입니다. 사람의 정성은 원인이 될 수 없습니다. 그러므로 참된 구원을 원하는 자는 모든 것을 하나님께 얻어야 합니다. **에스라 8장**에서 진행되고 있는 종교 개혁이 그 예시입니다. 본문에 나오는 종교 개혁은 무질서하지 않습니다. 사람의 방법이나 정성이 돋보이지도 않습니다. 하나님으로부터 출발한 종교 개혁은 하나님의 말씀을 따라갑니다. 성전이 완공되고 제의가 회복됩니다. 그리고 이제 성전 안에서 제사를 드릴 사람들이 회복됩니다. 에스라는 성전에서 일할 레위 자손을 불러 모읍니다. 또한 성전에서 사용할 예물도 수집합니다. 사람과 예물이 준비된 후에 비로소 예루살렘으로 향합니다. 참된 종교 개혁은 열정이 넘쳐서 말씀 앞에 서거나 헌신이 부족하여 말씀 뒤에 서지 않고 늘 말씀과 함께 섭니다.

마태복음 8장은 산 위에서 하나님 나라의 교훈을 끝내신 후, 산 아래에서 하나님 나라를 보여 주시는 예수님에 관한 이야기입니다. 나병환자, 백부장의 하인, 베드로의 장모를 치유하시는 이야기, 풍랑을 잔잔하게 하시는 이야기, 귀신 들린 자를 고치시는 이야기 등은 예수님에 관해 한 가지 질문을 던지게 만들었습니다. "이이가 어떠한 사람이기에"(27절). 사람들은 이제 예수님이 누구신지를 궁금해하기 시작했습니다. 예수님 역시 당신이 주와 그리스도 되심을 본격적으로 드러내시기 시작합니다. 예수님이 누구신가요? 그분은 인기 있는 강사나 선생이 아닙니다. 그분은 탁월한 재능과 성품을 지닌 성인군자도 아닙니다. 그분은 심판 가운데서 구원을 행하시는 분입니다. 구원의 방주가 되시고 성전이 되시는 분입니다.

사도행전 8장에는 사마리아가 그리스도의 복음으로 말미암아 회복되는 이야기가 나옵니다. 예루살렘에서 일어난 큰 박해 때문에 사마리아에 큰 기쁨이 전달되었습니다. 하나님 나라의 복음이 전파되었고 하나님 나라의 능력이 나타났습니다. 이 복음은 광야를 지나가던 에디오피아의 내시에게로 전달됩니다. 마침 이사야 53장을 읽고 있던 그에게 빌립이 찾아가 어린양 되신 예수 그리스도를 가르칩니다. 내시는 그 자리에서 믿음을 고백하고 세례를 받습니다. 누가는 이 모든 사건을 성령께서 주도하셨다고 증언합니다. 구원의 역사는 사람의 지혜와 계획을 따르지 않습니다. 하나님께서 주도하시고 사람이 순종함으로 성취됩니다. 창세기에 약속된 복음이 사도행전에서 어떻게 이루어지고 있는지를 확인하십시오.

1월 January 09

창세기9–10장 · 마태복음9장 · 에스라9장 · 사도행전9장

창세기 9장에서는 재창조라고 불러도 될 만큼 창세기 1장에서 사용된 용어가 반복됩니다. 하나님은 노아와 그 아들들에게 복을 주시며 생육하고 번성하여 땅에 충만하라고 말씀하십니다(1절). 그리고 노아와 언약을 맺으시는데, 이 언약은 아담과 맺은 언약과 매우 비슷합니다. 하나님은 노아와 그 가족들에게 육식을 허락하시는데, 이는 홍수로 먹을 것이 없어진 상황에서 굶주릴 그들을 배려하신 것입니다. 하나님은 무지개를 내세워 언약의 증표로 삼으셨습니다. 하나님은 여전히 신실하시지만 사람은 또 여전히 그렇지 못한 모습을 보입니다. 노아가 포도주에 취하여 발가벗고 잡니다. 아들 함이 그 모습을 조롱합니다. 아버지를 향한 함의 조롱은 죄가 되었는데, 그로 말미암아 함의 자손 가나안이 저주를 받습니다. 가나안의 저주를 기록한 것은 아마도 가나안 정복 전쟁을 앞두고 있었던 당시의 독자들을 위한 것으로 보입니다. **창세기 10장**은 노아의 계보를 '70'이라는 숫자에 맞추어 기록합니다. '70'이라는 숫자는 이 계보가 온 인류를 대표한다는 것을 보여 주기 위한 장치입니다. 노아의 계보는 셈, 벨렉, 데라, 아브라함(11:26)으로 이어집니다. 하나님의 구속적 일하심을 보여 주고 그 연속선상에 이스라엘이 있음을 가르치고자 하기 위한 계보입니다.

에스라 9장에는 에스라의 기도가 나옵니다. 하나님께서 은혜를 베푸셔서 이스라엘이 어느 정도 회복되었습니다. 성전이 재건되었고 제의가 회복되었으며 사람들이 돌아왔습니다. 그러나 회복된 것은 겉모습만이었습니다. 그들은 여전히 하나님의 말씀을 경시하고 있었습니다. 그들은 율법이 금하는 통혼을 했습니다. 에스라는 기가 막혀서 자리에 주저앉고 말았습니다(3절). 그는 속옷과 겉옷을 찢으며 회개 기도를 합니다. 조상의 죄가 넘치는 중에도 하나님께서 은혜를 베푸셔서 조금 소생하게 해 주신 일을 감사합니다. 그러나 하나님께서 이렇게 하신 후에도 계명을 어겨 버린 작금의 상황을 놓고 진심으로 통회합니다. 그리고 하나님의 긍휼만을 구합니다. 범죄한 자들이 기댈 수 있는 것은 긍휼을 베푸시는 하나님 외에는 없습니다.

긍휼을 베푸시는 하나님은 **마태복음 9장**에도 나옵니다. 성자 하나님이신 예수님은 중풍병에 걸린 사람, 혈루증을 앓는 여인, 야이로와 그의 딸, 맹인과 귀신 들린 자, 그리고 목자 없는 양과 같은 무리를 긍휼히 여기십니다. 9장 전체가 긍휼의 구원자 예수 그리스도의 능력을 보여 줍니다. 죄는 이 세상에 질병과 죽음과 슬픔과 아픔을 들여왔습니다. 예수님은 죄가 없는 하나님 나라의 영광을 보여 주시기 위해 이 모든 것들을 제거하십니다. 그분은 실로 상한 자들의 위로요, 슬픈 자들의 소망이요, 죄 지은 자들의 구원이십니다.

사도행전 9장은 긍휼의 구원자 예수 그리스도의 복음이 한 인생을 바꾸는 이야기입니다. 바울은 그리스도인을 체포하기 위해 다메섹으로 가던 도상에서 빛으로 다가오신 예수님을 만납니다. 바울은 빛이신 예수님을 만난 뒤 육적인 시력을 잃고 자신이 영적인 맹인이라는 사실을 깨닫습니다. 극적인 회심을 체험한 바울은 온 세상 가운데 하나님의 긍휼을 전하는 사명을 받습니다. 한편, 베드로는 가는 곳마다 하나님 나라의 능력을 드러냅니다. 중풍병자를 고치고 죽은 사람을 살려 냅니다. 예수 그리스도의 사역을 그대로 옮겨 온 듯한 모습입니다. 이것은 그리스도의 사역이 제자들에게 위임되었음을 보여 줍니다. 지금도 마찬가지입니다. 제자는 하나님 나라를 보여 줄 사명을 받았습니다.

1월 January **10** 창세기11장 • 마태복음10장 • 에스라10장 • 사도행전10장

창세기 11장은 절망스러운 인류의 상태와 소망이 되시는 하나님의 열심을 바벨탑과 아브람을 통해 보여 주고 있습니다. 사람들이 온 땅에 생육하고 번성합니다. 하나님께서 복을 주셨기 때문입니다. 그런데 사람들은 복을 주시는 하나님을 또다시 배신합니다. 명예와 구원을 위해 스스로 탑을 쌓습니다. 반역에는 항상 심판이 따릅니다. 하나님은 바벨탑을 쌓는 자들의 언어를 혼잡하게 하셔서 사람과 사람 사이를 분리시켜 버리십니다. 인류의 역사가 다시 한 번 절망의 소용돌이로 들어가게 된 것입니다. 그러나 하나님은 진노 중에도 구원을 잊지 않으십니다. 하나님은 절망스러운 인생들 가운데 소망의 길을 내시는데, 이제부터 시작될 아브람 이야기가 바로 그것입니다. 아브람은 인류의 소망이 됩니다.

에스라 10장도 절망 속에서 소망을 말합니다. 하나님의 긍휼로 어느 정도 회복되었던 이스라엘이 통혼으로 말미암아 큰 위기에 놓입니다. 복을 주시는 하나님을 또다시 배신한 것입니다. 에스라가 성전 앞에서 통곡하며 울며 기도할 때 스가냐가 다가와 이렇게 말합니다. "우리가 우리 하나님께 범죄하여 이 땅 이방 여자를 맞이하여 아내로 맞았으나 이스라엘에게 아직 소망이 있나니 곧 내 주의 교훈을 따르며 우리 하나님의 명령을 떨며 준행하는 자의 가르침을 따라 이 모든 아내와 그들의 소생을 다 내보내기로 우리 하나님과 언약을 세우고 율법대로 행할 것이라"(2–3절). 에스라는 스가냐의 말에 힘을 얻어서 제사장들과 레위 사람들과 온 이스라엘에게 이 말대로 행하라고 명령합니다(5절). 총회가 소집되었고 일종의 위원회가 만들어집니다. 위원회는 통혼한 자들을 조사하여서 3개월 만에 그

들을 이혼시키는 데 성공합니다. 반역의 죄가 온 이스라엘에 퍼지기 전에 급히 제거해 버린 것입니다.

마태복음 10장은 소망의 촛불이 횃불이 되고 소망의 길이 대로가 되는 이야기를 전합니다. 예수님은 열두 제자를 부르셔서 권능을 주시고 보내십니다. 제자들이 전하고 보여 주어야 할 것은 천국의 소망입니다. 인생 속에 절망을 생산하던 사탄의 나라가 깨지고 소망을 주시는 하나님 나라가 온다는 소식, 그것이 바로 제자들이 전한 복음입니다. 하나님 나라와 사탄의 나라가 겹치고 소망과 절망이 교차하는 세상에서 제자들에게 요구되는 것이 있습니다. 뱀같이 지혜롭고 비둘기같이 순결하게 사는 것입니다(16절). 언제 어디서나 믿음을 고백하는 것이고 온갖 박해 속에서 끝까지 견디는 것입니다. 하나님을 믿고 그리스도의 길을 따르는 것입니다. 제자는 절망의 나라를 위해서 살지 않고 소망의 나라를 위해서 삽니다.

사도행전 10장은 고넬료 사건을 통해 소망의 횃불이 이방인에게까지 전달되고 있음을 보여 줍니다. 베드로는 민족 종교에 갇혀 있었습니다. 하나님은 '내가 깨끗하다 한 것을 네가 속되다 하지 말라'고 말씀하심으로 그리스도의 복음이 온 세상을 위한 것임을 드러내셨습니다. 헛된 우상에 사로잡혀서 인생의 절망을 맛보던 이방인들에게도 드디어 소망의 길이 열린 것입니다. 이 소망의 길은 하나님께서 친히 내신 것으로 아브람에게 약속하신 것이기도 합니다. "땅의 모든 족속이 너로 말미암아 복을 얻을 것"(창 12:3)이라는 약속이 예수 그리스도로 말미암아 성취되었기 때문입니다.

창세기 12장에서는 하나님의 열심과 아브람의 미약함을 주목해서 봐야 합니다. 아브람은 하나님의 부르심에 순종하여서 그의 아내 사래와 조카 롯과 하란에서 모은 모든 소유와 얻은 사람들을 이끌고 가나안 땅에 들어갑니다(5절). 아브람이 세겜 땅 모레 상수리 나무에서 제단을 쌓는데, 훨씬 뒤에 여호수아 역시 이곳에다가 돌을 세워 기념합니다. 학자들은 장소적 유사성을 근거로 본문의 의도가 가나안 땅을 상징적으로 정복하였음을 보여 주는 것이라고 주장합니다. 아브람의 순종은 오래가지 못합니다. 그 땅에 기근이 들자 애굽에 거류하려고 내려갑니다. 심지어 아내를 희생시켜서 자신을 보호하려고 합니다. 하나님께서 자신을 돌보리라는 믿음이 아브람에게는 거의 없었던 것입니다. 아브람의 불신으로 말미암아 하나님의 약속이 위협받습니다. '땅의 모든 족속이 너로 말미암아 복을 얻을 것'(3절)이라는 약속이 좌초될 위기에 처한 것입니다. 그러자 하나님께서 약속의 보존을 위해 친히 일하십니다. 바로와 그 집안에 큰 재앙을 내리시고 아브람을 구출하십니다. 하나님은 늘 신실하십니다. 당신의 말씀을 따라 일하시고 당신의 언약을 성취하십니다.

느헤미야 1장의 주제는 하나님의 신실하심입니다. 느헤미야는 페르시아의 수산궁에서 일하던 관리였습니다. 어느 날 그는 예루살렘이 불타고 유대인들이 환난을 겪고 있다는 소식을 듣습니다. 큰 슬픔에 빠진 느헤미야는 금식하며 기도합니다. 그는 신실하신 하나님을 의지하여 기도합니다. "… 내 이름을 두려고 택한 곳에 돌아오게 하리라 하신 말씀을 이제 청하건대 기억하옵소서"(9절). 신실하신 하나님께서 느헤미야의 간구에 응답하십니다.

마태복음 11장에는 신실한 당신의 품으로 와서 쉬라는 예수님의 초청이 있습니다. 예수님은 "오실 그이가 당신이오니이까"(3절)라는 질문에 다음과 같이 답하십니다. "맹인이 보며 못 걷는 사람이 걸으며 나병환자가 깨끗함을 받으며 못 듣는 자가 들으며 죽은 자가 살아나며 가난한 자에게 복음이 전파된다 하라"(5절). 하나님의 약속이 실현되고 있음을 말씀하신 것입니다. 하나님은 늘 신실하십니다. 그러므로 신실하신 하나님의 말씀에 귀를 기울여야 합니다. '회개하라'는 외침을 들었을 때는 돌이켜 회개해야 합니다. 회개하지 아니하는 자에게는 하나님께서 반드시 심판을 내리실 것이기 때문입니다. 반면에 '내게로 오라'는 외침을 들었을 때는 모든 것을 버리고 찾아가야 합니다. 찾아가는 자에게 하나님께서는 반드시 안식을 주실 것이기 때문입니다. 피리를 불어도 춤추지 않고 슬피 울어도 가슴을 치지 않는 무반응의 인생이 되어서는 안 됩니다.

사도행전 11장은 '땅의 모든 족속이 너로 말미암아 복을 얻을 것'이라는 창세기 12장의 약속이 실현되는 첫 번째 장면입니다. 베드로는 고넬료 사건을 교회 앞에 보고합니다. 이 보고를 듣고 무할례자의 집에 들어가서 음식을 먹었다고 비난하던 사람들이 침묵합니다. 그리고 하나님께 영광을 돌리며 이렇게 말합니다. "하나님께서 이방인에게도 생명 얻는 회개를 주셨도다"(18절). 당신의 약속을 스스로 보존하시고 성장시키시며 확장하시는 하나님의 일하심이 예루살렘교회를 설득한 것입니다. 당신의 약속을 향한 하나님의 열심이 안디옥교회에 임합니다. 안디옥교회는 헬라파 유대인들이 세운 교회입니다. 그런데 구브로와 구레네 몇 사람이 헬라인에게 주 예수를 전파하니 수많은 사람들이 믿고 주께 돌아오는 일이 일어났습니다(21절). 안디옥 사람들은 그들을 일컬어 '그리스도를 따르는 자' 곧 그리스도인이라 불렀습니다.

1월 January 12

창세기13장 • 마태복음12장 • 느헤미야2장 • 사도행전12장

창세기 13장도 하나님께서 당신의 언약을 지키시는 이야기입니다. 자녀가 없었던 아브람은 조카 롯을 아들처럼 여겼습니다. 여차하면 자기 재산을 모두 롯에게 물려주려고 생각했습니다. 하나님은 그들에게 많은 재산을 허락하셔서 둘이 더 이상 함께하지 못하도록 하셨습니다. 아브람은 롯과 이별하기로 결정하였습니다(8–9절). 조카 롯은 소돔과 고모라를 선택하였는데, 그곳이 마치 여호와의 동산 같고 애굽 땅과 같아 보였기 때문입니다. 이 선택은 롯의 인생을 구렁텅이로 몰아넣게 됩니다. 홀로 남은 아브람에게 하나님은 다시 한 번 약속을 주십니다. "너는 눈을 들어 너 있는 곳에서 북쪽과 남쪽 그리고 동쪽과 서쪽을 바라보라 보이는 땅을 내가 너와 네 자손에게 주리니 영원히 이르리라"(14–15절). 하나님은 아브람에게 주신 약속을 신실하게 이루어 가고 계십니다.

느헤미야 2장에서 만나는 하나님도 당신의 약속을 신실하게 지키십니다. "하나님의 선한 손이 나를 도우신 일과 왕이 내게 이른 말씀을 전하였더니"(18절). 느헤미야는 예루살렘성의 참담한 소식을 들은 후에 곧장 왕에게 달려가지 않고 약 4개월을 참으며 기회를 엿봅니다. 하나님께서 주시는 특별한 기회가 있을 것이라 믿은 것입니다. 그러던 어느 날 아닥사스다 왕이 느헤미야에게 수심이 가득한 이유를 묻습니다. 느헤미야는 사실대로 말하고 자신으로 하여금 예루살렘성을 재건하게 해 달라고 부탁합니다. 하나님의 선한 손이 그 순간 깊게 개입합니다(8절). 왕이 허락한 것입니다. 느헤미야는 예루살렘에 도착한 후에 사흘간 성벽을 돌아봅니다. 그때 산발랏과 도비야와 게셈 등이 나서서 비웃는데, 느헤미야는 신실하신

하나님을 의지하여 이렇게 답합니다. "하늘의 하나님이 우리를 형통하게 하시리니 그의 종들인 우리가 일어나 건축하려니와"(20절).

마태복음 12장에도 산발랏과 도비야와 게셈 같은 이들이 나옵니다. 예수님의 사역을 방해하는 바리새인들입니다. 사람들을 안식으로 초대하신 예수님은 안식일이 어떤 날인지를 가르치십니다. 배고픈 자가 배부르고 병든 자가 고침을 얻습니다. 예수님께 오는 자들은 참된 안식을 누립니다. 상한 갈대도 꺾이지 않고 꺼져 가는 심지도 꺼지지 않습니다. 그러나 바리새인들은 안식을 주시는 예수님을 거부합니다. 예수님께 가는 길까지 막으려 했습니다. 예수님께서 귀신의 왕에 기대어 일하신다고 비난한 것입니다. 예수님은 성령을 모독하는 것은 사하심을 얻지 못한다(31절)고 말씀하시며 그들이 악하고 무익한 말을 한다고 고발하셨습니다.

사도행전 12장에는 신실하신 하나님을 믿는 자의 죽음과 하나님을 대적하는 자의 죽음이 나옵니다. 어느 시대에나 산발랏과 도비야와 게셈 같은 이들이 있는데, 본문에서는 헤롯이 그런 역할을 합니다. 헤롯은 야고보를 죽입니다(1-2절). 유대인들이 기뻐하자 헤롯은 베드로까지 체포합니다. 본격적인 박해가 시작된 것입니다. 교회는 박해에 굴하지 않고 신실하신 하나님을 붙듭니다. 신실하신 하나님은 베드로와 교회 가운데 안식을 주시고 보호하십니다. 반면에 하나님과 그분의 교회를 대적하던 헤롯은 비참한 죽음을 맞이합니다. 박해가 거세지는 와중에도 하나님의 말씀은 더욱 흥왕하였습니다(24절). 신실하신 하나님을 믿고 주신 사명대로 사는 자에게 복이 있습니다.

1월 January 13

창세기14장 • 마태복음13장 • 느헤미야3장 • 사도행전13장

창세기 14장의 배경은 고대 근동에서 벌어진 전쟁입니다. 엘람 연합군과 소돔 연합군이 전쟁을 벌입니다. 전쟁에서 승리한 엘람 왕은 소돔과 고모라를 약탈하는데, 그때 소돔에 거주하던 롯도 잡아갑니다. 소식을 들은 아브람이 집에서 훈련된 자 318명을 끌고 가서 롯을 구출합니다. 도시 국가 연합군이 감당하지 못했던 엘람 연합군을 아브람이 무찌른 것입니다. 신실하신 하나님께서 아브람과 함께하고 계심을 보여 주고 있습니다. 아브람을 살렘 왕과 소돔 왕이 맞이합니다. 살렘 왕은 신비의 인물로 지극히 높으신 하나님의 제사장으로 소개됩니다. 아브람은 전리품의 십분의 일을 바침으로 하나님을 향한 신앙을 고백합니다. 반면에 소돔 왕의 제안은 거부합니다. 혹시라도 소돔 왕이 자기 권리를 주장할까 두려웠기 때문입니다. 아브람은 이제 자기가 누구에게 속해 있는지를 뚜렷하게 인식하기 시작한 것입니다.

느헤미야 3장에서는 느헤미야의 리더십을 주목해서 봐야 합니다. 느헤미야는 매우 성실하고 지혜로웠습니다. 성벽 재건 공사를 45구간으로 나누었고 총 10개의 성문을 세웠습니다. 또한 그는 신령한(?) 독재자가 아니었습니다. 적절한 사람들을 선별하여서 책임자로 세웠습니다. 75명이 명단에 오르는데, 그들은 다양한 배경을 갖고 있었습니다. 느헤미야의 지혜로운 인도를 따라 이스라엘 백성들 전체가 하나님께 헌신했습니다. 이스라엘 백성들도 드디어 자기들이 누구에게 속해 있는지를 뚜렷하게 인식하기 시작한 것입니다.

마태복음 13장은 하나님 나라에 관한 비유입니다. 하나님 나라에 속한 자들이 어떤 특징을 가지고 있는지를 설명합니다. 총 7개의 비유가 나옵니다. 하나님 나라에 속한 자는 말씀을 듣고 열매를 맺습니다. 하나님 나라에 속한 자는 가라지를 보고 실망하지 않습니다. 하나님 나라에 속한 자는 작은 현실에 좌절하지 않고 큰 소망을 품고 삽니다. 하나님 나라에 속한 자는 먼저 그분의 나라와 그분의 의를 구합니다. 반면에 하나님 나라에 속하지 않은 자가 보이는 가장 큰 특징은 말씀을 듣지 않는 것입니다. 예수님의 고향 사람들이 그러했습니다.

사도행전 13장은 하나님 나라가 어떻게 확장되는지를 보여 줍니다. 안디옥교회는 바울과 바나바를 이방인 선교사로 임명하여 보냅니다. 몇몇 지역을 통과하여 비시디아 안디옥에 이릅니다. 안식일에 회당에 들어가 율법과 선지자의 글을 읽고 복음을 전합니다. 바울은 구약을 탁월하게 해석하여 예수 그리스도께로 연결합니다. 그가 전하는 교훈이 '조상들에게 주신 약속'(32절)이며 '하나님께서 예수님을 일으키셔서 우리 자녀에게 이루신 약속'(33절)이라고 말합니다. 많은 사람들이 이 복음을 듣고 예수님을 믿습니다. 겨자씨가 큰 나무가 된 것처럼 하나님 나라가 이방 지역까지 확대된 것입니다. 그러나 여전히 말씀을 듣지 않는 자들이 있었습니다. 하나님 나라의 복음이 올바르게 선포되면 그 나라에 속한 자와 속하지 않은 자가 극명하게 구분됩니다.

1월 January 14

창세기15장 • 마태복음14장 • 느헤미야4장 • 사도행전14장

창세기 15장은 성경에서 가장 중요한 본문으로 손꼽힙니다. 하나님께서 믿음을 의로 여기시는 장면(6절)이 나오기 때문입니다. 약속의 실현이 더딘 것을 보고 불안해하는 아브람에게 하나님께서 찾아오십니다. 그리고 약속을 굳건하게 세우십니다. 놀랍게도 하나님은 '아브람이 여호와를 믿으니 이것을 그의 의로 여겨 주셨습니다'(6절). 그곳에서 하나님은 언약 체결식을 거행하십니다. 언약의 당사자 중에 한 명인 아브람은 지나가지 않고 타는 횃불로 상징되는 하나님만 쪼갠 고기 사이로 지나가셨다는 점은 의미심장합니다. 하나님께서 이 언약을 일방적으로 지키시겠다는 선언이기 때문입니다. 우리 관점에서는 약속의 실현이 더뎌 보일 수 있습니다. 그러나 하나님은 반드시 약속을 지키십니다. 그러므로 우리는 불신과 불안을 극복하고 하나님의 약속을 붙들며 주신 의무에 충성을 다해야 합니다.

느헤미야 4장은 불신과 불안을 극복하고 하나님의 약속을 붙들며 주신 의무에 충성을 다하는 것이 무엇인지를 보여 줍니다. 산발랏과 도비야가 조롱하고 위협을 가합니다. 말로만 그렇게 한 것이 아니라 실제로 공격할 계획을 짭니다(8절). 이것은 분명히 이스라엘 백성들의 마음을 불안하게 만들었을 것입니다. 그러나 느헤미야는 침착합니다. 그는 신실하신 하나님께 간구합니다. 그리고 실질적인 준비를 합니다. 수비대를 만들었을 뿐만 아니라 일꾼들에게도 항상 무기를 들고 있으라고 말합니다. 항상 싸울 채비를 갖추고 정신을 바짝 차릴 것을 강조합니다. 느헤미야가 불신과 불안을 극복하고 주신 의무에 충성을 다할 수 있었던 이유는 이것입니다. "하나님이 우리를 위하여 싸우시리라"(20절). 그는 정말로 신실하신 하나님을 믿었습니다.

마태복음 14장에서도 우리는 믿음이라는 주제를 찾아낼 수 있습니다. 세례 요한이 죽습니다. 세상의 관점에서 그의 죽음은 허무해 보일 수 있지만 하나님 나라에서는 큰 의미가 있습니다. 예수 그리스도의 길이 열렸기 때문입니다. 예수님은 더욱 본격적으로 당신의 구원자 되심을 알리십니다. 오병이어 사건은 생명의 양식이 되시는 예수님을 보여 줍니다. 이제 예수님을 믿는 자는 생명을 얻게 됩니다. 예수 그리스도를 믿음으로 의롭게 된다는 것입니다. 그러나 이 믿음도 때로는 좌초될 수 있습니다. 현실적인 위협 앞에서 불안과 불신을 갖게 될 수도 있습니다. 풍랑 위를 걷던 베드로의 침몰이 바로 현실 앞에서 무너지는 성도들을 대변합니다. 예수님에게서 시선을 거두고 높은 파도를 바라보면 두려움이 엄습합니다. 믿음은 파도가 아니라 예수님을 바라보는 것입니다. 예수님이야말로 약속의 성취이시기 때문입니다.

사도행전 14장은 위협적인 현실 속에서 신실하신 하나님을 믿었던 바울과 바나바의 믿음 이야기입니다. 이고니온에서의 전도는 많은 열매를 맺었지만 유대인들은 그들을 그곳에서 쫓아냅니다. 루스드라에서도 마찬가지입니다. 바울이 걷지 못하는 자를 고치자 사람들은 제우스와 헤르메스가 나타났다고 외치며 그들을 경배하려고 했습니다. 바울과 바나바는 그들을 말리며 살아 계신 진짜 하나님을 전합니다. 그때 유대인들이 거기까지 따라와서 바울을 돌로 칩니다. 루스드라에서 나온 바울과 바나바는 왔던 길을 되짚어서 돌아갑니다. 바울의 1차 전도 여행은 오직 믿음에 의존한 여행이었습니다. 유대인들의 극렬한 위협이 현실을 가득 채웠습니다. 하지만 그들은 믿음으로 교회를 세워 갔습니다. 하나님 나라에 속한 자로 살아간다는 것은 바로 이와 같습니다. 믿음으로 사는 것입니다. 불안과 불신을 극복하고 신실하신 하나님의 약속을 붙들며 주신 사명에 충성을 다하며 사는 것입니다.

1월 January 15

창세기16장 • 마태복음15장 • 느헤미야5장 • 사도행전15장

창세기 16장에서 아브람은 불신을 드러냅니다. 믿음으로 의롭다 함을 받은 지 얼마 되지도 않았는데 금세 불신이 싹튼 것입니다. 하나님의 약속에서 벗어나 사래가 세운 꾀를 받아들입니다. 사래는 아브람의 씨를 잇기만 하면 된다는 나름의 계산으로 여종 하갈과 남편을 동침시켰습니다. 사래의 계산으로 하나님의 약속이 큰 위기를 맞이한 것입니다. 하나님의 약속에서 벗어난 아브람의 가족도 위기를 맞았습니다. 하갈이 사래를 멸시하기 시작합니다. 사래는 하갈을 학대하여서 광야로 쫓아냅니다. 하나님은 위기에 처한 하갈을 보호하시고 그의 자손도 보호하실 것을 약속하십니다. 사람들이 엉망으로 만들어 놓은 것을 하나님께서 은혜로 회복하신 것입니다. 본문에서 가르치는 믿음은 기다림입니다. 신실하신 하나님을 믿는 사람은 함부로 계산하기보다는 기다립니다.

느헤미야 5장은 외부의 적이 아니라 내부의 적에 관한 이야기입니다. 온 백성이 하나 되어 산발랏 등의 적과 싸우는 동안 내부에서 큰 균열이 일어났습니다. 귀족들과 민장들이 높은 이자로 백성들을 착취하고 있었던 것입니다. 백성들의 원망이 점점 높아지자 느헤미야는 귀족들과 민장들을 불러 모읍니다. 그는 자신의 분노를 곧장 드러내지 않고 깊이 생각합니다(7절). 그리고 이런 행위가 얼마나 잘못되었는지를 차분하게 설명하고 이자 받기를 그치자고 제안합니다(10절). 귀족들과 민장들이 설득당합니다. 지혜로운 지도자 느헤미야의 리더십을 엿볼 수 있습니다. 느헤미야는 지혜로울 뿐만 아니라 청렴하였습니다. 그는 총독으로 세움을 받은 뒤 12년 동안이나 월급을 전혀 받지 않았습니다. 백성들의 고통에 공감하였기 때문입니다. 세속적인 지혜를 따랐던 아브람과 신령한 지혜를 따랐던 느헤미야가 대조됩니다. 가족 관계의 파괴라는 세속적인 지혜의 결과와 이스라엘 공동체의 연합이라는 신령한 지혜의 결과도 대조됩니다.

마태복음 15장에서 예수님은 바리새인들의 위선을 지적하십니다. 그들은 장로들의 전통을 들어 예수님을 비난합니다. 떡 먹을 때에 손을 씻지 않았다는 것입니다(2절). 예수님은 고르반 제도를 예시로 바리새인들이 전통 때문에 말씀을 폐하였다고 힐난하십니다. 그들이 입술로는 하나님을 언급하지만 마음으로는 하나님을 경시하고 있다고도 말씀하십니다. 마음이 빠진 행위는 아무리 열심이 있어도 가짜 믿음일 뿐입니다. 반면에 행위는 부족하여도 진심이 있는 간청이 진짜 믿음입니다. 가나안 여인이 바로 그러했습니다. 이방 여인이었지만 그는 진심을 다해 예수님을 믿었습니다. 예수님은 당신이 참된 믿음의 대상이 되심을 보여 주셨습니다. 다리 저는 자, 보지 못하는 자, 말 못하는 자 등을 고치시고 배고픈 자들을 배부르게 하셨습니다.

사도행전 15장에는 첫 번째 공의회가 나옵니다. 모세의 법대로 할례를 받아야 구원이 완성된다는 주장으로 말미암아 초대 교회가 혼란스러워졌습니다. 예루살렘교회에 사도들과 장로들이 모였습니다. 격론이 벌어진 후에 베드로가 나서서 이방인들도 우리와 동일하게 주 예수의 은혜로 구원을 받는다고 말합니다(11절). 바나바와 바울은 전도 여행 중에 일어난 일을 보고합니다(12절). 야고보가 오직 예수님의 이름으로 구원을 얻는다는 것을 공인한 후에 연약한 유대 신자들을 보호하기 위해 우상의 더러운 것과 음행과 목매어 죽인 것과 피를 멀리할 것을 권합니다. 첫 번째 공의회의 결의 사항은 편지로 각 교회에 전달됩니다. 하나님의 지혜를 따르는 사람들이 교회의 혼란을 잘 처리한 것입니다. 반면에 바나바와 바울은 사소한 문제로 갈라서게 됩니다. 마가 요한을 2차 전도 여행 시에 동참시킬 것인지를 놓고 다툰 것입니다. 서로 고집을 꺾지 않은 두 사람은 결국 갈라서고 맙니다. 모든 교회가 진리로 연합하는 가운데 두 사람은 사소한 의견 충돌로 분리되어 버렸습니다.

1월 January 16

창세기17장 • 마태복음16장 • 느헤미야6장 • 사도행전16장

창세기 17장은 이스마엘이 태어나고 13년이 지난 후의 이야기입니다. 13년간 아브람은 이스마엘 한 명만 바라보고 살았습니다. 하나님의 약속을 잊은 것입니다. 혹은 하나님의 약속이 이스마엘을 통해 이미 성취되었다고 믿었을 수도 있습니다. 그러나 신실하신 하나님은 당신의 약속을 잊지 않고 계셨습니다. 하나님은 99세의 노인 아브람에게 나타나셔서 또다시 자손 이야기를 꺼내십니다. 이번에는 매우 구체적입니다. 아브람을 아브라함으로, 사래를 사라로 바꾸시면서 약속의 실현이 다가왔음을 알리십니다. 할례라는 언약의 증표까지 세우셨습니다. 하지만 아브라함은 불신했습니다. 그는 이스마엘이 하나님께서 약속하신 자손이기를 바랐습니다(18절). 그의 불신은 타당해 보입니다. 그는 남자의 기능을 행할 수 없는 노인이었기 때문입니다. 그럼에도 불구하고 아브라함은 하나님께서 말씀하신 대로 할례를 행하였습니다.

느헤미야 6장에서 묘사되는 느헤미야의 믿음은 아브라함의 연약한 믿음에 비해 매우 강해 보입니다. 성벽 공사가 끝났습니다. 이제 문만 달면 됩니다. 그때 산발랏과 게셈이 꾀를 냅니다. 오노 평지 한 촌에서 서로 만나자고 한 것입니다(2절). 협상을 하자는 것인데 사실은 느헤미야를 죽일 계획이었습니다. 느헤미야가 응하지 않자 산발랏 등은 점점 더 큰 위협을 가합니다. 유다는 배신하고 너는 왕이 되려 한다는 소문이 있으니 와서 같이 의논을 하자는 것입니다. 산발랏 등에게 뇌물을 받은 스마야는 느헤미야를 꽤서 하나님의 전에 들어가게 하려고 하였습니다. 율법을 어기게 해서 비방을 받게 하려 한 것입니다. 지혜로운 느헤미야는 이 악한 계략들을 꿰뚫어 봅니다. 무엇보다도 그는 기도하는 사람이었습니다. 9절과 14절은 느헤미야가 드린 기도입니다. 믿음의 사람 느헤미야는 상황에 지지 않고늘 올바른 분별력을 발휘하였습니다.

마태복음 16장에서 예수님은 참된 믿음이 무엇인지를 말씀하십니다. 참된 믿음을 가진 사람은 분별력이 있어야 합니다. 시대의 표적을 알아볼 뿐만 아니라 거짓 교훈도 주의해야 합니다. 무엇보다 참된 믿음은 그 믿음의 대상자가 누구인지를 알아야 합니다. "너희는 나를 누구라 하느냐"(15절)는 예수님의 질문에 베드로가 이렇게 답합니다. "주는 그리스도시요 살아 계신 하나님의 아들이시니이다"(16절). 예수님은 죽음과 부활을 예고하시면서 제자의 길이 어떠해야 하는지를 가르치십니다. 자기를 부인하고 자기 십자가를 지고 예수님을 따르는 것인데, 이것이 바로 참된 믿음의 또 다른 특징입니다. 참된 믿음을 지닌 자는 그 어떤 상황 속에서도 주님의 길을 걷습니다.

사도행전 16장은 제자의 길이 무엇인지를 생생하게 묘사합니다. 바울은 1차 전도 여행 때 세운 교회들을 방문해서 믿음을 굳건하게 합니다. 아시아로 가고자 했는데 성령께서 빌립보로 인도하십니다. 빌립보에서 그리스도의 복음을 전하고 하나님 나라의 능력을 보여 주던 바울과 그의 동료들은 고발을 당하여 감옥에 갇힙니다. 그러나 그들은 상황에 꺾이지 않았습니다. 오히려 그 믿음이 더욱 선명해졌습니다. 감옥에서 기도하고 찬송하며 전도했습니다. 그들은 실로 세상이 감당할 수 없는 믿음의 사람들이었습니다.

1월 17 January

창세기18장 • 마태복음17장 • 느헤미야7장 • 사도행전17장

창세기 18장은 여호와께서 아브라함에게 나타나셨다고 기록합니다. 사람 셋이 아브라함의 장막 근처를 지나갑니다. 당시 나그네 환대법에 따라서 아브라함은 그들을 극진히 대접합니다. 어쩌면 '여호와의 사자들'임을 알았을지도 모릅니다. 어찌 되었든 아브라함은 그들이 누구인지를 점점 명확히 알게 됩니다. 그들은 두 가지를 예언합니다. 첫째, 그들은 내년 이맘때 사라가 아들을 낳을 것이라고 예언합니다. 사라는 코웃음을 쳤는데, 생리가 이미 끊겼기 때문입니다. 둘째, 소돔과 고모라가 멸망할 것을 예언합니다. 아브라함은 여호와 하나님 앞에서 중보자의 역할을 감당합니다. 그는 악인과 함께 의인이 멸망당하는 것은 공의로운 일이 아니라는 점을 강조합니다. 50명으로 시작한 의인의 숫자가 10명까지 내려갑니다. 보통 10명은 공동체를 형성하는 가장 작은 단위입니다. 의인 10명이 도시의 멸망을 막을 수도 있습니다.

느헤미야 7장은 소수가 공동체 전체를 살릴 수 있음을 잘 묘사합니다. 성전 재건을 마친 후 느헤미야는 새로운 일을 시도합니다. 여전히 두 가지 정도의 문제가 있었는데, 첫째는 행정 관리가 부족한 것이었고, 둘째는 인구가 너무 없다는 것이었습니다. 먼저 그는 두 명의 행정 관리를 세웁니다. 하나니와 하나냐입니다. 특히 하나냐는 충성스럽고 하나님을 경외하는 사람이었습니다. 포로에서 돌아온 사람들의 명단도 확보합니다. 그들을 예루살렘성 안으로 이주시키기 위함이었습니다. 느헤미야는 예루살렘의 완전한 회복을 위해 동분서주하며 뛰어다녔습니다. 한 사람의 의인이 공동체 전체를 살리고 있는 것입니다.

마태복음 17장에는 한 사람의 의인이 모든 사람을 살리는 이야기의 실체가 되시는 예수 그리스도가 나옵니다. 아브라함이나 느헤미야는 모형일 뿐입니다. 예수님은 산 위에서 신체가 변형되시는데, 이것은 그리스도께서 장차 받으실 영광을 예고합니다. 또한 구약을 대표하는 모세와 엘리야가 등장하여 예수님과 대화를 나눕니다. 이것은 예수님께서 구약의 증거를 받고 있는 분이심을 뜻합니다. 예수님은 17장에서 무려 3번이나 죽음을 언급하십니다(9, 12, 23절). 하지만 마음과 귀가 어두운 제자들은 알아듣지 못합니다. 그들에게 믿음이 부족했기 때문입니다. 그들은 아직 수많은 사람들을 살려 낼 준비가 되지 않았습니다. 제자들에게 믿음이 필요했던 것처럼 우리에게도 믿음이 필요합니다. 겨자씨만한 믿음이 큰일을 일으키기 때문입니다.

사도행전 17장에는 데살로니가, 베뢰아, 아덴에서 복음을 전하는 바울의 모습이 나옵니다. 데살로니가에 선포된 복음은 이방인들에게는 기쁨을, 유대인들에게는 시기를 불러일으켰습니다. 바울은 그곳에서 쫓겨나서 베뢰아로 가게 됩니다. 그곳에서도 복음의 역사가 동일하게 일어납니다. 그러나 그곳까지 쫓아온 유대인들에 의해 또 쫓겨납니다. 아덴으로 이동한 바울은 그곳에서도 전도를 합니다. 바울은 계속해서 쫓겨나고 있지만, 이것은 오히려 교회가 확장되는 기회가 되고 있습니다. 믿음을 가진 자들은 이와 같습니다. 한 사람이 생명을 일으키고 마을을 변화시키며 수많은 사람들을 바꾸어 냅니다. 한 사람 아브라함이 멸망당할 마을을 살리고자 애를 씁니다. 한 사람 느헤미야가 예루살렘을 회복시킵니다. 한 사람 바울이 수많은 사람들을 새로운 인생으로 인도합니다. 겨자씨만한 믿음이 산을 옮긴 것입니다.

1월 January 18

창세기19장 • 마태복음18장 • 느헤미야8장 • 사도행전18장

창세기 19장은 소돔과 고모라가 멸망당하는 모습을 그립니다. 롯은 소돔성에서 성공한 자가 되었습니다. 성문에 앉아 있었다는 표현이 그것을 알려 줍니다. 나그네 환대법을 따라 롯은 두 천사를 극진히 대접합니다. 잠시 후 노소를 가리지 않고 소돔의 남자들이 쳐들어옵니다. 동성 강간을 하겠다며 두 천사를 내놓으라고 윽박을 지릅니다. 고대 근동의 관습법이었던 나그네 환대법이 먹히지 않을 만큼 소돔은 철저히 타락해 있었습니다. 롯은 손님들을 보호하려고 애를 썼지만 소용이 없었습니다. 소돔은 그야말로 멸망당할 만한 도시였습니다. 천사들은 롯을 구한 후 멸망당할 이 도시를 속히 떠나라고 알려 줍니다. 그런데 롯의 반응이 미지근합니다. 이곳은 그에게 부와 명예를 안겨 준 도시였기 때문입니다. 천사들에게 강제로 끌려 나온 롯은 소돔과 고모라의 멸망을 보며 두려워합니다. 롯과 두 딸은 산속에 들어가 삽니다. 어쩌면 그들은 온 세상이 멸망당했다고 생각했는지 모릅니다. 그곳에서 그들은 근친상간을 통해 모압과 암몬의 조상이 될 아들을 낳습니다. 오직 부와 풍요만을 보고 소돔에 들어갔던 롯 인생의 결말입니다. 소돔과 매우 비슷한 가치관을 가지고 살았던 롯이 생명을 구할 수 있었던 유일한 이유는 하나님께서 아브라함을 생각하셨기 때문입니다.

느헤미야 8장에는 이스라엘 백성들이 말씀 앞에 엎드려 있는 장면이 나옵니다. 부와 풍요를 따라다니던 이스라엘이 멸망을 당했습니다. 신실하신 하나님은 당신의 언약을 따라 때에 맞게 이스라엘을 회복시켜 주십니다. 성전과 성벽이 재건됩니다. 이 일을 주도했던 느헤미야와 에스라는 이제 백성들에게 율법을 가르치고자 합니다. 율법이 낭독되고 그 의미가 해

석됩니다. 백성들은 율법의 말씀을 듣고 다 울어 버립니다(9절). 죄를 깨달은 것입니다. 느헤미야와 에스라는 백성들을 진정시킵니다. 그리고 율법으로 말미암아 회복된 인생을 기뻐하라고 권면합니다. 율법을 알게 된 이스라엘 백성들은 초막절을 지키겠다고 에스라를 찾아옵니다. 신실하신 하나님 앞에서 이스라엘 백성들도 점차 충성스럽게 변해 가고 있습니다. 부와 풍요를 따라다니면 그 자리가 소돔일 수 있습니다. 당장은 성공할지도 모릅니다. 하지만 반드시 소돔과 함께 망하는 인생이 될 것입니다. 반면에 말씀을 따라다니면 기쁨을 얻습니다. 복된 인생으로 회복됩니다.

마태복음 18장에는 '서로 누가 큰지'를 따지는 제자들이 나옵니다. 예수님은 '자신을 낮추는 자가 천국에서 크다'는 역설의 진리를 가르치십니다. 어린이를 영접하고 작은 자를 대접하는 자가 복 있다는 사실도 알리십니다. 잃어버린 양의 비유와 탕감받은 종의 비유를 통해서 하나님의 뜻이 무엇인지를 보여 주십니다. 성도는 복 받은 존재입니다. 천지를 만드시고 통치하시는 하나님의 말씀에 참여할 권리를 받았기 때문입니다. 풍요를 따지지 말고 말씀에 참여합시다. 물질적인 부요와 육체적인 쾌락을 따라다니지 말고 그리스도만을 따라다닙시다. 참된 복은 하늘에서만 내려옵니다.

사도행전 18장은 고린도교회를 만드는 바울의 이야기입니다. 아덴에서 고린도로 이동한 바울은 브리스길라와 아굴라 부부의 집에서 일하며 복음을 전합니다. 바울은 "하나님의 말씀에 붙잡혀"(5절) 예수님을 밝히 증언합니다. 유대인들은 바울을 비방하였고 이방인들은 듣고 믿어 세례를 받았습니다. 바울은 이곳에서 일 년 육 개월 동안 말씀을 전하고 가르칩니다. 가장 세속적인 도시가 복음으로 물들기 시작했습니다. 소돔 못지않았던 고린도에 교회가 세워지고 말씀의 흥왕이 일어났습니다. 그리스도의 복음만이 망할 인생을 복된 인생으로 변화시킵니다.

1월 19 January

창세기20장 • 마태복음19장 • 느헤미야9장 • 사도행전19장

창세기 20장에는 이삭을 낳기 전 하나님의 마지막 시험이 나옵니다. 이 시험은 이미 출제된 문제였습니다. 그랄 지역으로 내려간 아브라함은 그 지역의 왕이었던 아비멜렉에게 사라를 내줍니다. 또다시 하나님의 약속을 위험에 빠뜨린 것입니다. 사람의 연약한 성정이 어떠한지를 잘 보여 주는 사건입니다. 반복되는 은혜에도 불구하고 사람들은 반복되는 불신의 문제를 안고 삽니다. 그러나 하나님의 열심은 사람의 실패보다 항상 큽니다. 하나님께서 이 사건에 또 적극적으로 개입하십니다. 아비멜렉이 징계를 받습니다. 그리고 하나님은 아브라함이 선지자라고 아비멜렉에게 말씀하십니다. 아브라함은 많은 재물을 얻어서 그 지역을 떠나고 아비멜렉의 집에는 다시 태가 열립니다. 하나님은 끝까지 신실하십니다. 그러므로 우리도 끝까지 충성해야 합니다.

율법책 낭독으로 촉발된 백성들의 반응은 **느헤미야 9장**에서 절정을 이룹니다. 백성들은 금식하고 굵은 베 옷을 입고 티끌을 무릅쓰며 자기의 죄와 조상들의 허물을 자복합니다. 대대적인 회개 운동이 일어난 것입니다. 아브라함 시대부터 출애굽과 광야, 가나안 정복 전쟁, 그리고 왕정 시대를 되짚어 봅니다. 비록 조상들의 반역으로 말미암아 멸망을 당했지만 자비로우신 하나님 덕분에 완전히 멸망당하지 아니하였음을 노래합니다. "주의 크신 긍휼로 그들을 아주 멸하지 아니하시며 버리지도 아니하셨사오니 주는 은혜로우시고 불쌍히 여기시는 하나님이심이니이다"(31절). 그리고 이제는 신실하신 하나님 앞에서 늘 충성스러운 종이 될 것을 서약합니다.

마태복음 19장에는 위선자, 회색분자, 제자가 차례로 등장합니다. 위선자 바리새인은 예수님을 시험하기 급급했습니다. 율법 앞에서 회개하기보다는 율법을 통해 자신의 의를 드러내고자 했습니다. 예수님은 결혼에 관한 올바른 지침을 주셔서 그 시험을 물리치십니다. 회색분자 부자 청년은 거의 그리스도인이었습니다. 그는 영생을 갈망했고 율법을 잘 지켰습니다. 그러나 예수님은 그 청년의 속마음을 주목하셨습니다. 청년의 마음을 실제로 장악하고 있었던 것은 재물이었습니다. 모든 것을 다 드려도 마음을 드리지 않으면 거짓 신앙입니다. 바리새인과 부자 청년에 비하면 제자들은 형편없었습니다. 사회적인 평판이나 율법 실력 모두 부족했습니다. 그럼에도 불구하고 예수님은 그들을 칭찬해 주셨습니다. 모든 것을 버리고 예수님을 따라왔기 때문입니다. 충성을 바친다는 것은 이와 같이 사는 것입니다.

사도행전 19장은 충성스러운 예수님의 제자들 이야기입니다. 바울은 에베소에서 2년 동안 말씀을 강론합니다. 헌신적인 말씀 사역과 놀라운 치유 사역으로 많은 사람들이 예수님을 믿게 됩니다. 바울의 사역은 우상 관련 산업에 종사하던 사람들에게 큰 손해를 입힙니다. 그들은 분기탱천하여 바울과 같이 다니는 가이오와 아리스다고를 붙잡습니다. 서기장의 합리적인 설득으로 광기가 잠잠해집니다. 하나님께 충성을 바친다는 것은 쉬운 일이 아닙니다. 그것은 때로 매우 위험하고 때로 희생을 동반합니다. 그러나 신실하신 하나님을 체험한 자들은 끝까지 충성합니다. 다시 한 번 마음을 다잡고 예수님의 충성스러운 제자로 살아갈 것을 다짐할 수 있기를 바랍니다.

1월 January 20

창세기21장 • 마태복음20장 • 느헤미야10장 • 사도행전20장

창세기 21장에서 아브라함은 드디어 이삭을 얻습니다. 하나님께 약속을 받고 무려 25년이 지난 후에 얻은 아들인데 의외로 성경의 문체는 담담합니다. 저자가 다소 건조하게 이삭의 탄생을 다룬 이유는 이것이 너무나도 당연한 일이었다고 믿었기 때문일 것입니다. 1-2절은 '여호와께서 말씀하신 대로'라는 구절을 반복합니다. 하나님께서 말씀하신 그 일은 반드시 이루어집니다. 하나님은 참으로 신실하십니다. 그저 우리의 시간표와 맞지 않을 뿐입니다. 그러므로 신자들은 우리의 시간표와 하나님의 시간표를 맞추기 위해 믿음으로 인내해야 합니다. 아브라함의 가족 구조가 변경됩니다. 이스마엘 중심에서 이삭 중심으로 바뀝니다. 마침내 하나님의 약속이 실현된 것입니다. 아비멜렉이 아브라함과 협정을 맺기 위해 먼저 찾아옵니다. 그의 눈에도 아브라함은 복 받은 자였기 때문입니다.

느헤미야 10장은 율법을 지키기로 약속하는 이스라엘 백성들 이야기입니다. 단단히 다짐을 하기 위해 문서에 서명을 하기로 합니다. 본문에는 총 84명의 명단이 나옵니다. 제사장, 레위인, 그리고 지도자들이 대표로 서명합니다. 스스로 약속한 여덟 가지 중에는 안식일 준수, 종교세, 십일조 등이 있습니다. 무엇보다도 그들은 성전 중심의 신앙을 다짐합니다. "그리하여 우리가 우리 하나님의 전을 버려 두지 아니하리라"(39절). 성전 중심의 신앙을 오늘날에 적용하자면, 하나님 중심의 신앙이라 할 수 있습니다. 신실하신 하나님께 충성을 바치는 신앙, 그것이 바로 성전 중심, 하나님 중심의 신앙입니다.

마태복음 20장은 은혜를 아는 신앙이 무엇인지를 설명합니다. 포도원 품꾼에게 삯을 지불하는 것은 주인의 권리입니다. 품꾼은 약속된 것을 받기만 하면 됩니다. 마치 그런 것처럼, 하나님께서 주시는 것은 모두 하나님의 은혜에 따른 것입니다. 우리 행위를 따라 주는 보상이 아닙니다. 주님의 우편과 좌편을 구하는 자는 신앙이 무엇인지를 모르고 있는 것입니다. 우리는 하나님께 아무것도 요구할 수 없는 존재이지만 하나님은 우리에게 모든 것을 내어 주십니다. 그것을 알고 감사하며 사는 것이 신앙생활입니다.

은혜를 아는 신앙으로 평생 하나님께 충성을 바친 사람이 바로 바울입니다. **사도행전 20장**에서 바울은 자신의 길에 환난이 있을 것임을 전해 듣습니다. 그럼에도 불구하고 그는 사명을 향해 전진합니다. "내가 달려갈 길과 주 예수께 받은 사명 곧 하나님의 은혜의 복음을 증언하는 일을 마치려 함에는 나의 생명조차 조금도 귀한 것으로 여기지 아니하노라"(24절). 바울은 자신이 제십일시에 들어온 품꾼임을 알았습니다. 그래서 지금 자신에게 주어진 것이 모두 넘치는 은혜임도 알았습니다. 그는 예수님을 핍박하고 제자들을 잡아 죽이려 했으며 주님의 교회를 무너뜨리려고 했던 자였습니다. 예수님께 합당하지 않은 자가 예수님께 합당한 자처럼 붙들려 있다는 사실 자체가 감격이었습니다. 그 감격이 바울을 사명자로 만들었습니다. 그는 지금까지 주님의 교회를 위해 충성을 바쳤고 앞으로도 그럴 예정입니다. 그리고 이 마음을 에베소의 장로들에게 전합니다. "지금 내가 여러분을 주와 및 그 은혜의 말씀에 부탁하노니 그 말씀이 여러분을 능히 든든히 세우사 거룩하게 하심을 입은 모든 자 가운데 기업이 있게 하시리라"(32절).

1월 January 21

창세기22장 • 마태복음21장 • 느헤미야11장 • 사도행전21장

창세기 22장을 기점으로 아브라함 이야기는 야곱 이야기로 전환되어 갑니다. 아브라함은 마지막 시험을 훌륭하게 통과합니다. 마지막 시험은 매우 잔혹한 것이었는데, 그의 소중한 아들 이삭을 제물로 바치라는 것이었습니다. 하나님께서 지정하신 모리아 땅의 한 산에서 이삭을 제물로 바치기 위해 3일 길을 걷습니다. 아마도 그 3일 길은 가장 고통스러운 시간이었을 것입니다. 그러나 수십 년 동안 신실하신 하나님을 경험한 아브라함은 하나님께 충성을 바치기로 결정합니다. 아브라함이 이삭을 내리치려는 순간 여호와의 사자가 그를 막습니다. 준비된 양으로 제사를 드린 후 그곳을 '여호와 이레'라고 칭합니다. 하나님은 아브라함의 행위를 보시고 '이제야 네가 나를 경외하는 줄 알았다'(12절)고 말씀하십니다. 아브라함이 보여 준 믿음의 행위는 아브라함에게서 나온 것이 아닙니다. 아브라함을 신실하게 인도하신 하나님의 열심에서 나온 것입니다. 아브라함에게 그러하셨던 것처럼 하나님은 오늘도 그렇게 우리의 믿음을 만들어 가십니다.

느헤미야 11장에는 성전 중심의 신앙을 회복하기 위해 고군분투하는 느헤미야의 정책이 나옵니다. 문제가 있었습니다. 예루살렘에 거주하는 사람들이 매우 적어서 그 기능이 아직 완전히 회복되지 못했다는 점입니다. 그러나 나름 터전을 잡은 사람들을 강제로 이주시킬 수도 없는 노릇이었습니다. 느헤미야는 공평하게 제비를 뽑아서 거주민을 정하였고, 자원하는 사람도 받아 주었습니다. 느헤미야는 올바른 일을 하기 위해 지혜를 발휘하였고 계획을 세웠으며 결단을 하고 실천하였습니다. 믿음은 신뢰를 갖고 행동하는 것입니다. 아브라함이 자신의 믿음을 순종으로 증명하였듯이, 느헤미야도 자신의 믿음을 실천으로 드러냈습니다. 신실하신 하나님의 은혜를 아는 자는 믿음 가운데 반드시 순종을 합니다.

마태복음 21장은 예수님의 예루살렘 입성을 보여 줍니다. 수많은 사람들이 종려나무를 흔들면서 그분의 이름을 찬송합니다. 당시 이스라엘 백성들은 성전을 중심으로 생활했습니다. 겉으로 볼 때는 느헤미야의 이상이 이루어진 것처럼 보입니다. 그러나 실상은 그렇지 않았습니다. 그들은 예루살렘성전을 돈벌이 수단으로 이용하였고, 하나님의 거룩한 집을 도둑의 소굴로 만들었습니다. 성전의 실체가 되시는 예수님은 크게 진노하셨고 이 모든 것을 엎어 버리셨습니다. 바리새인들은 이 모든 것을 누구의 권위로 행하는지를 따져 묻습니다. 예수님은 그들의 완악한 마음을 간파하시고 포도원 농부의 비유로 답하십니다. 악한 자들은 경고를 무시합니다. 멸망할 자들은 항상 고집쟁이였습니다. 그들의 완고함이 얼마나 지독한지 그들은 자기 속에 찾아오신 하나님을 잡아 죽일 계획을 세웁니다.

반면에 거룩한 고집도 있습니다. 그것은 그리스도를 위한 고집입니다. **사도행전 21장**의 바울이 그렇습니다. 두로의 형제들과 가이사랴의 형제들이 바울을 만류합니다. 예루살렘에 가면 바울이 잡힐 것이라는 예언을 들었기 때문입니다. 그러나 바울은 죽음도 각오한 상태였습니다. 아니나 다를까 그는 예루살렘성전에서 나실인 의식에 참여한 지 7일 만에 잡힙니다. 믿음의 사람은 자기 앞길에 놓인 장애물이 아니라 자신이 걸어가야 할 사명을 먼저 봅니다. 믿음의 사람은 고통이나 상처보다 그리스도를 위한 일이 항상 우선입니다. 믿음의 사람을 꺾을 수 있는 것은 아무것도 없습니다.

1월 January 22

창세기23장 • 마태복음22장 • 느헤미야12장 • 사도행전22장

창세기 23장에는 아브라함의 아내 사라가 127세의 나이로 죽는 장면이 나옵니다. 그러나 이 장은 사라의 죽음보다 막벨라 굴의 매입을 더 중요하게 다룹니다. 여기에는 이 책의 첫 번째 독자였던 광야의 이스라엘을 향한 교훈이 있습니다. 아브라함은 가나안의 헷 족속이 소유하고 있던 땅에 사라를 매장하고자 했습니다. 그는 헷 족속에게 매장지를 판매하라고 부탁합니다. 그 땅의 주인이었던 소할의 아들 에브론이 나타납니다. 아브라함은 헷 족속이 보는 앞에서 400세겔의 값을 지불하고 그 땅을 매입하여 사라를 묻습니다. 가나안 땅에 아브라함의 법적 소유지가 생겨난 것입니다. "성 문에 들어온 모든 헷 족속이 보는 데서 아브라함의 소유로 확정된지라"(18절). 그러므로 가나안 땅을 목표로 여행을 하고 있는 이스라엘 백성들은 합법적인 소유지를 향해 가고 있는 것입니다. 그 땅은 이미 값이 지불되었고 하나님께서 주시기로 약속하신 땅이었습니다.

느헤미야 12장은 제사장과 레위인에 관한 이야기입니다. 먼저 스룹바벨 시대부터 느헤미야 시대까지 예루살렘에서 활동했던 제사장과 레위인들을 언급합니다. 이것은 성전 사역이 언약 공동체의 회복에 있어 중심임을 보여 줍니다. 성벽 봉헌식에도 레위인들이 동원됩니다. 감사 찬송하는 자의 무리를 크게 둘로 나누어서 한 무리는 오른쪽으로 분문을 향하여 가게 하고, 다른 무리는 왼쪽으로 행진하게 합니다. 이 봉헌식의 절정은 하나님의 전에서 두 무리의 찬양대가 만났을 때입니다. "이에 감사 찬송하는 두 무리가 하나님의 전에 섰고"(40절). 느헤미야는 제사장과 레위인들을 위한 십일조를 거둬들이고 보관하게 합니다. 느헤미야는 건물, 제도, 직분 등 모든 것을 성전 중심으로 맞추었습니다. 참된 개혁은 외형을 바꾸는 것만이 아닙니다. 모든 것을 하나님 중심으로 돌려놓는 것입니다.

마태복음 22장은 성전 중심의 신앙이 무엇인지 잘 설명합니다. 웅장하고 화려한 헤롯 성전 안에 참된 성전이 되시는 예수님께서 오셨습니다. 그러나 성전의 종교 지도자들은 그분을 미워했습니다. 예수님은 혼인 잔치 비유를 통해 처음으로 초청된 사람들은 탈락하고 두 번째로 초청된 길거리에 있던 사람들이 잔치에 참여하게 된다고 말씀하십니다. 이 비유에서 첫 번째 사람들이 자신들임을 깨달은 바리새인들과 사두개인들은 예수님을 올무에 걸리게 하려고 교묘한 질문을 던집니다. 그러나 누구도 예수님과 변론하여 승리할 수는 없었습니다. 예수님은 당신의 권세와 능력을 점점 선명하게 드러내셨지만 바리새인들과 사두개인들은 더욱 완고해져 갔습니다. 예수님은 지금도 당신의 권세와 능력을 드러내시며 계속하여 우리를 초청하십니다. 참된 회개와 개혁으로 우리를 부르십니다. 이 부르심에 마음을 겸손히 하여 응답하는 사람은 반드시 복을 받습니다.

사도행전 22장을 보면 바울은 유대인들에게 예수 그리스도의 복음을 전합니다. 그는 자신이 얼마나 철저한 유대인이었는지, 얼마나 기독교를 미워했는지, 그리고 예수님을 만나 어떻게 변화되었는지를 말합니다. 이방인을 위한 복음 사역자로 예수님께서 자신을 부르셨다는 바울의 고백을 듣자 유대인들이 발악을 합니다. 완고한 유대인들은 바울을 죽이라고 난리를 칩니다. 오늘도 우리는 그때처럼 청함을 받고 있습니다. 오늘도 하나님은 그때처럼 우리를 은혜의 복음으로 초청하십니다. 이 초청에 우리는 둘 중 하나로만 반응합니다. 완고함과 고집으로 버티는 것, 아니면 기쁨으로 응하는 것입니다. “청함을 받은 자는 많되 택함을 입은 자는 적으니라”(마 22:14).

1월 January 23

창세기24장 • 마태복음23장 • 느헤미야13장 • 사도행전23장

창세기 24장은 창세기에서 가장 긴 장입니다. 매우 의외입니다. 창조나 타락 등 여타 중요한 주제들이 많음에도 불구하고 모세는 24장을 가장 길게 설명합니다. 24장에 등장하는 이야기가 제법 중요한 교훈을 담고 있다는 의미일 것입니다. 따라서 24장에 나오는 결혼은 개인사보다 구속사로 해석될 여지가 있습니다. 먼저, 24장은 아브라함에서 이삭으로 넘어가는 장입니다. 늙은 종은 아브라함을 향해 '나의 주인 아브라함'(27절)이라고 불렀다가 이삭을 향해 '내 주인'(65절)이라고 말합니다. 둘째, 24장에서 아브라함이 반복하여 강조하고 있는 다짐, 곧 이삭을 가나안 여인과 결혼시키지 않겠다는 말도 중요합니다. 반면에 이스마엘은 가나안 여인과 결혼합니다. 이것은 가나안에 거주하려고 광야를 통과하는 이스라엘에게 의미있는 교훈을 전합니다. 셋째, 24장에 처음 등장하는 리브가도 중요한 인물입니다. 어떤 학자는 리브가를 여자 아브라함이라고 칭합니다. 그녀가 모든 것을 포기하고 메소보다미아에서 가나안으로 떠났기 때문입니다. 넷째, 무엇보다도 하나님께서 주도하시는 만남을 통해 '언약'이 계승되고 있습니다. "네 씨로 그 원수의 성문을 얻게 할지어다"(60절). 하나님은 당신의 언약에 신실하십니다.

느헤미야 13장은 개혁의 지속성을 강조합니다. 느헤미야가 페르시아로 떠난 사이에 그가 행했던 개혁이 엉망이 됩니다(6–7절). 성전 봉사자들을 위해 제물을 두는 방을 도비야가 차지해 버립니다. 레위 사람들은 먹을 것을 공급받지 못해 자기 마을로 돌아가 버렸습니다. 안식일 규정을 지키지 않게 되어 버렸습니다. 이방 여인과 또다시 통혼해 버렸습니다. 대제사장의 집안 사람 중 한 명이 산발랏의 사위가 되었습니다. 순식간에 원래 상

태로 돌아가 버렸습니다. 예루살렘에 돌아온 느헤미야는 이 모든 것을 바로잡고 하나님께 간절히 기도합니다. "내가 행한 선한 일을 도말하지 마옵소서"(14절). "주의 크신 은혜대로 나를 아끼시옵소서"(22절). "내 하나님이여 나를 기억하사 복을 주옵소서"(31절). 개혁과 기도는 한 가지입니다. 기도만 하고 행동하지 않는 것도 잘못이고, 행동만 하고 기도하지 않는 것도 잘못입니다. 느헤미야는 하나님의 전적인 주권을 신뢰하면서 그분의 뜻에 열심히 순종하였습니다.

마태복음 23장은 위선을 강력히 꾸짖으시는 예수님의 모습을 그리고 있습니다. 예수님은 바리새인과 서기관들이 말만 하고 행동하지 않는다고 질책하십니다. 그들은 높은 자리를 좋아하고 대접받고 칭찬받는 것을 원합니다. 그들의 마음에는 하나님이 없습니다. 그들은 눈먼 인도자요 회칠한 무덤이요 겉만 깨끗한 잔입니다. 그들은 느헤미야 시대의 유대인들처럼 겉으로 드러난 개혁에 만족하였습니다. 말은 번지르르했고 행동은 그럴듯했지만 마음에는 하나님이 없었습니다. 예수님은 외모가 아닌 중심을 보시기에 이 같은 위선과 가식을 혐오하셨습니다. 우리는 어떻습니까? 주일성수 한다는 사실 하나로, 교회 봉사를 한다는 사실 하나로, 나름의 신앙 규칙을 지키고 있다는 사실 하나로 만족하면서 정작 마음을 다해 하나님을 사랑하지 않는 위선자는 아닙니까?

바울은 그렇지 않았습니다. 그는 그 어떤 상황 속에서도 진실한 신자였습니다. **사도행전 23장**에 등장하는 바울은 공회 앞에서 담대히 복음을 증거합니다. 바울은 환경에 반응하는 사람이 아니었습니다. 그는 오직 복음과 말씀에만 반응하는 사람이었습니다. 우리의 행위를 신뢰하지 말고 당신의 언약에 신실하신 하나님을 바라보십시오. 위선을 회개하고 하나님께 충성을 바치십시오.

1월 January 24

창세기25장 • 마태복음24장 • 에스더1장 • 사도행전24장

창세기 25장의 주제는 새로운 세대의 출현입니다. 아브라함이 죽습니다(8절). 이스마엘도 죽습니다(17절). 이삭은 리브가를 통해 에서와 야곱을 얻습니다. 하나님은 큰 자가 작은 자를 섬길 것이라고 예고하십니다. 모세는 시간을 건너뛰어서 곧장 에서와 야곱의 이야기로 달려갑니다. 에서는 사냥꾼이었고 야곱은 조용한 사람이었습니다(27절). 어느 날 들에서 돌아온 에서가 극심한 배고픔에 시달립니다. 야곱에게 팥죽을 요청하는데 야곱이 거래를 제안합니다. 장자의 명분을 내놓으라는 것입니다. 에서는 장자의 명분이 아무런 유익이 없다고 말하면서 야곱에게 떡과 팥죽을 받고 팔아넘깁니다. 야곱의 교활함과 에서의 교만함을 보여 주는 장면입니다. 성경은 에서가 장자의 명분을 가볍게 여겼다는 평가를 덧붙입니다. 눈앞의 이익 때문에 미래의 권리를 팔아 버린 에서는 그리스도의 족보에서 스스로 나가 버립니다.

에스더 1장에는 페르시아 제국 안에서 역사하시는 하나님이 등장합니다. 에스더서에 하나님께서 직접적으로 등장하시지는 않습니다. 학자들은 에스더서를 숨어 계신 하나님의 이야기라고 말합니다. 당대 최강국이었던 페르시아의 왕 아하수에로는 7일 동안 잔치를 베풀었는데, 그의 왕후 와스디가 왕의 명을 거부합니다. 진노한 아하수에로는 와스디를 폐위시켜 버립니다. 페르시아 왕궁에서 일어난 이 사건은 하나님께서 이야기를 시작하시기 위한 준비 과정입니다. 평범하고 일상적인 사건들이 사실은 모두 하나님의 손 안에서 경영되고 있는 것입니다. 에서와 야곱 사이에 일어난 일상의 사건 역시 하나님의 주권과 의지 안에서 발생한 것입니다.

이것을 아는 사람은 모든 시간과 사건들을 소중히 여기며 하나님의 뜻을 실천합니다. 우리의 행위에 가치가 있기 때문에 '하나님의 역사'가 만들어지는 것이 아니라 우리의 순종을 통해 역사하시는 하나님의 의지 때문에 '그분의 역사'가 만들어집니다.

마태복음 24장에서 예수님은 역사가 하나님의 손 안에서 경영되고 있음을 확실하게 밝히십니다. 성전을 자랑하는 제자들에게 예수님은 그 성전이 남김없이 무너질 것을 예언하십니다. 제자들이 그 시기를 묻자 예수님께서 몇 가지 징조를 말씀해 주십니다. '적그리스도의 등장, 전쟁과 기근, 거짓 선지자와 불법의 성행' 등입니다. 종말은 돌연히 옵니다. 우리는 그 시간을 미리 알 수 없습니다. 정확한 시간을 안다고 말하는 사람은 모두 이단입니다. 평범한 일상 속에 종말이 느닷없이 찾아올 것입니다. 그러므로 신자들은 공포나 불안으로 살 것이 아니라 항상 깨어서 준비하는 마음으로 살아야 합니다. 우리는 슬피 우는 악한 종이 되어서는 안 됩니다. 착하고 충성된 종이 되도록 오늘도 힘써 주님 말씀을 따라가야겠습니다.

사도행전 24장에서는 법정 다툼이 벌어집니다. 먼저 더둘로가 이야기를 시작합니다. 아마도 유대인들에게 고용된 이방인 변호사였을 것입니다. 바울은 스스로를 변호합니다. 자신은 소동을 일으킨 적이 없고 죽은 자의 부활과 관련하여 신학적으로 변론했을 뿐이라고 주장합니다. 벨릭스는 바울의 무죄를 알고 있었지만 정의로운 지도자가 아니었기 때문에 뇌물과 백성들의 인기를 위해 바울을 붙잡아 두었습니다. 바울은 요동치는 상황 속에서도 흔들리지 않았습니다. 이 모든 사건의 배후에는 하나님의 선하신 경영이 있음을 알고 있었기 때문입니다. 이 고난의 순간을 통해 하나님은 바울을 로마로 보낼 계획을 갖고 계셨고 바울은 믿음으로 그것에 반응하였습니다.

1월 January 25

창세기26장 • 마태복음25장 • 에스더2장 • 사도행전25장

창세기 26장은 야곱의 이야기를 잠깐 멈추고 이삭의 이야기를 전개합니다. 본격적인 이야기가 등장하기 전에 구속사적 계보를 강조하기 위한 것입니다. 여기에 나오는 사건은 여러 모로 아브라함의 그것과 유사합니다. 아브라함이 그랄로 내려가면서 사라를 누이로 속인 것처럼 이삭도 리브가를 누이로 속입니다. 차이점이 있다면 아브라함은 사라를 빼앗겼다가 찾아왔고 이삭에게는 그런 불상사가 없었다는 점입니다. 또한 아브라함이 가는 곳마다 복을 얻었던 것처럼 이삭도 가는 곳마다 복을 얻습니다. 아브라함이 아비멜렉과 협정을 맺은 것처럼 이삭도 아비멜렉과 협정을 맺습니다. 이 모든 기록은 백성들을 돌보시는 하나님의 섭리를 보여 줍니다. 아브라함처럼 이삭도 비겁하고 겁 많은 사람이었지만 언약에 신실하신 하나님은 그를 돌보십니다. 우리가 붙들어야 할 것은 스스로의 능력이 아닙니다. 당신의 언약을 반드시 이루시는 하나님의 신실하신 성품입니다. 우리가 하나님의 말씀을 따라가야 하는 이유입니다.

에스더 2장에도 하나님의 신실하신 성품과 당신의 백성을 돌보시는 자비로운 섭리가 나옵니다. 2장에 나오는 이야기는 여전히 일반적 역사 서술에 불과합니다. 와스디를 폐위시킨 아하수에로가 새로운 왕후를 뽑기 위해 아리따운 여인들을 모읍니다. 에스더가 뽑히게 되고 왕의 은총을 얻음으로 왕후가 됩니다. 또한 모르드개가 왕의 암살 모의를 에스더에게 제보하여 왕을 살리는 사건이 일어납니다. 이 모든 사건들은 후에 일어날 하나님 역사의 포석이 됩니다. 하나님께서 역사와 인생을 다스리십니다. 세상의 단조롭거나 찬란한 역사도, 우리의 평범하거나 특별한 인생도, 모두

당신의 영광을 위해 일하시는 하나님의 손길 안에 있습니다. 이것을 믿는 자들은 경건한 두려움을 품고 그분의 말씀에 순종하며 삽니다.

마태복음 25장에서 예수님은 역사의 종말을 비유로 말씀하십니다. 열 처녀 비유와 달란트 비유가 그것입니다. 단어나 문장 속의 의미를 지나치게 추적하는 것은 이 비유를 해석하는 적절한 방식이 아닙니다. 예컨대, 열 처녀 비유에서 '기름'을 '성령이나 기도'로 해석하는 것은 옳지 않습니다. 이 비유의 교훈은 "그런즉 깨어 있으라 너희는 그날과 그때를 알지 못하느니라"(13절)입니다. 달란트 비유도 '종말에 다시 오셔서 결산하시는 주인'에 관한 이야기입니다. 즉 31절 이하에 나오는 말씀이 두 비유의 해석이라고 볼 수 있습니다. 예수님께서 오셔서 양과 염소를 구분하실 것입니다. 그분은 심판하실 것입니다. 역사에는 시작과 끝이 있는데, 이는 역사에는 목적이 있음을 뜻합니다. 하나님은 역사가 흘러가는 대로 허락하시는 분이 아니라 당신의 의지대로, 당신의 목적대로 이끄시는 분입니다. 따라서 우리는 오늘 깨어 그날을 준비해야 합니다. 지극히 작은 자 한 사람을 힘을 다해 섬겨야 합니다. 주님이 주신 말씀대로 살아가야 합니다.

사도행전 25장을 보면 여전히 재판 중입니다. 그런데 이 재판이 점점 심각해집니다. 행정장관 베스도가 부임하여서 이 사건을 맡았고, 아그립바 왕이 문안하러 왔다가 바울의 일을 듣습니다. 그들은 한껏 위엄을 갖추고 바울을 재판정에 세웁니다(23절). 자신의 권세와 능력을 뽐내고 있는 것입니다. 그러나 이 사건의 재판장은 그들이 아닙니다. 하나님이십니다. 이것을 분명히 알았던 바울은 타협하지도 않았고 겁을 먹지도 않았습니다. 그는 로마 시민권을 이용해서 가이사에게 재판을 받겠다고 요청합니다. 바울은 역사와 인생의 궁극적인 통치자이신 하나님만을 두려워하고 있습니다.

1월 January 26

창세기27장 • 마태복음26장 • 에스더3장 • 사도행전26장

창세기 27장은 야곱이 에서의 축복을 빼앗는 장면입니다. 태어날 때 이미 장자의 축복과 권리가 야곱에게 있음을 알고 있었던 리브가가 이 사건에 적극 개입합니다. 비록 그녀의 방법이 정당하지는 않으나 그녀의 신앙과 열정은 이삭보다 나았습니다. 27장은 '이삭이 눈이 어두웠다'는 구절로 시작되는데, 어떤 학자는 이를 육체의 시력뿐만 아니라 영혼의 시력도 포함하는 것으로 해석합니다. 이에 비해 리브가는 신앙의 눈을 가지고 있었고 그를 실천하고자 하는 열정도 있었습니다. 정당하지 못한 방법을 사용함으로 야곱의 인생이 비틀어지기는 했지만 그녀의 신앙은 본받을 만합니다. 에서는 장자의 명분을 우습게 여기고 이삭은 예언의 말씀을 잊어버린 상황에서 리브가의 신앙이 하나님의 말씀을 성취하는 도구가 되고 있습니다.

에스더 3장에는 아각 사람 하만이 등장합니다. 그는 이스라엘의 오랜 숙적 아말렉의 후손이었습니다. 모르드개는 그에게 절하기를 거부하였는데, 하만이 이를 알고 분을 품습니다. 무려 5년 동안 기회를 노린 끝에 왕의 허락을 받아서 페르시아 전역에 있는 유다 사람들을 죽일 것을 공포합니다. 치밀한 하만은 즉각적으로 말살하는 것이 아니라 12개월의 준비 기간을 둡니다. 유다 사람들을 더 잘 죽이기 위한 계획이었습니다. 이스라엘 민족에게 최대 위기가 찾아왔습니다. 세상에서 그리스도인으로 산다는 것은 마냥 쉬운 것이 아닙니다. 우리는 항상 눈을 크게 뜨고 정신을 똑바로 차리며 깨어 준비하는 자세로 살아야 합니다. 세상은 그들이 이해하지 못하는 기독교 신앙을 종종 미워합니다. 유혹하기도 하고 협박하기도 하고 섞어 버리기도 합니다. 우리의 영적인 시력을 앗아가려고 합니다. 그들

의 교묘하고 치밀한 신앙 말살 정책에 맞서기 위해서 우리는 더욱 주님의 말씀을 알아 가야 합니다. 그분께 더욱 의지해야 합니다.

마태복음 26장은 '잡히시는 예수님'에 관한 이야기입니다. 향유를 통해 장례를 준비하신 예수님은 베드로의 부인을 예언하시고, 겟세마네에서 힘써 기도하십니다. 그리고 유다의 배반으로 대제사장 가야바의 관사로 끌려가십니다. 하나님이신 예수님께서 당신의 백성들에게 결박당하시고 심문을 당하십니다. 어떤 질문에도 대답하지 않으시던 예수님은 "네가 하나님의 아들 그리스도인지 우리에게 말하라"(63절)는 질문에 "네가 말하였느니라"(64절)라고 답하십니다. 이를 신성 모독으로 정죄한 공회는 사형을 선언합니다. 그 자리에 있던 모든 이들이 영적인 시력을 잃어버린 것입니다. 우리 신앙의 대상이신 예수님은 그렇게 세상의 미움과 위협과 수치를 고스란히 당하셨습니다. 그러므로 그분을 따르는 제자라면 당연히 그분의 길을 걸어야 할 것입니다.

사도행전 26장의 바울은 예수님처럼 법정에 서 있습니다. 유대교로부터 고발당한 바울은 스스로 신학적인 변호를 시도합니다. 바리새인 중의 바리새인이었다는 점, 그리스도인들을 누구보다 열정적으로 핍박했다는 점, 다메섹에서 예수님을 만나 변화되었다는 점, 그리고 이방인의 사도로 부르심을 받았다는 점 등을 강조합니다. 이를 통해 베스도와 아그립바를 전도하고자 합니다. 예수님께서 그러셨던 것처럼 바울도 무죄했지만 그리스도의 복음을 전하기 위해 기꺼이 고난을 감수합니다. 바울은 이삭처럼 희미한 시력으로 살지 않았습니다. 바울은 온 세상이 기독교 신앙을 미워하던 때에 오직 복음을 말했고 복음을 의지했습니다. 그는 예수님의 가르침뿐만 아니라 그분의 삶도 즐겁게 따라갈 준비가 되어 있는 참된 제자였습니다. 우리는 어떻습니까? 우리는 참으로 제자입니까?

창세기28장 • 마태복음27장 • 에스더4장 • 사도행전27장

창세기 28장에서 야곱은 하란을 향해 집을 떠납니다. 에서의 분노는 이삭과 리브가도 어찌할 도리가 없을 만큼 거대했습니다. 리브가는 가족의 파탄을 막기 위해 야곱을 자신의 오빠 라반의 집으로 보냅니다. 초라한 행색으로 집을 떠난 야곱은 벧엘이라는 곳에서 돌을 베고 잠이 듭니다. 그곳에서 아브라함에게 주셨던 것과 거의 동일한 약속을 하시는 하나님을 만납니다. 장자권 분쟁으로 모든 것을 상실한 야곱에게 하나님께서 먼저 찾아와 주신 것입니다. 그러나 야곱의 성품은 쉽게 변하지 않았습니다. 그는 하나님과 거래를 합니다. 무사히 돌아오게 해 주시면 하나님을 섬기겠고 십일조를 하겠다고 약속합니다. 하지만 그는 이런 제안을 할 필요가 없었습니다. 하나님께서는 이미 그를 돌보시겠다고 약속하셨기 때문입니다. "내가 너와 함께 있어 네가 어디로 가든지 너를 지키며 너를 이끌어 이 땅으로 돌아오게 할지라 내가 네게 허락한 것을 다 이루기까지 너를 떠나지 아니하리라"(15절).

우리는 행위를 기초로 하나님의 돌보심을 요청할 필요가 없습니다. 우리가 할 일은 하나님의 약속을 믿는 것입니다. 그분께서 당신의 백성들을 향해 가지고 계신 자비로운 계획을 믿을 때 우리는 더욱 담대히 행동할 수 있습니다. **에스더 4장**에는 민족이 전멸당할 상황에서 모르드개와 에스더가 결단하는 장면이 나옵니다. 모르드개는 유다 사람을 진멸하라는 조서 초본을 에스더에게 전달합니다. 그러나 에스더는 선뜻 행동하지 못하는데, 왕의 부름 없이 그 앞에 나가는 것은 사형죄에 해당하기 때문입니다. 모르드개는 에스더에게 영적인 안목을 열어 줍니다. "네가 왕후의 자리를 얻은 것이 이때를 위함이 아닌지 누가 알겠느냐"(14절). 우리는 모든 일을 주께 하듯 성실히 해야 합니다. 굳이 사회법이나 관습법을 어길 필요가 없습니다. 그러나 때로는 결단이 필요합니다. 자신의 손해와 이득을 따지는 것이 우선되어서는 안 됩니다. 하나님께서 우리에게 주신 위치와 역할과 은사는 모두 하나님의 영광을 위한 것입니다.

마태복음 27장은 이 책의 절정입니다. 예수님께서 십자가에 달려 돌아가십니다. 예수님을 죽이고자 하는 강력한 의지가 재판과 민심에 영향을 미쳤습니다. 사람들은 예수님께 침을 뱉고 가시 면류관을 씌우고 채찍질을 하면서 그의 고통을 즐겼습니다. 그리스도께서 십자가에서 죽으셨습니다. 휘장은 찢어졌고 땅은 진동하였으며 사람들은 슬퍼하였습니다. 약속의 실체가 되신 그리스도께서 그 약속대로 죽으셨습니다. 하나님의 말씀은 반드시 성취됩니다. 그 절정이 바로 십자가입니다. 창세기부터 제시되었던 '복음'은 이렇게 완성되었습니다. 우리가 세상에서 담대히 주님을 신뢰하며 그들과 다른 방식으로 살 수 있는 이유도 바로 여기에 있습니다. 그리스도께서 역사의 방향을 바꾸시고 인생의 운명을 바꾸셨기 때문입니다. 예수 그리스도를 믿는 자들에게 복이 있습니다.

사도행전 27장은 예루살렘을 떠나 로마로 압송되는 바울의 여정입니다. 배를 타고 이달리야로 가기로 했는데, 바울은 이 항해에 큰 어려움이 있을 것이라고 말합니다. 당연히 백부장은 바울이 아닌 선장의 말을 믿고 배를 출항시킵니다. 그러나 그들은 도중에 유라굴라라는 큰 태풍을 만나서 표류하게 됩니다. 굶주림과 두려움에 떨고 있는 사람들에게 바울은 안전을 장담합니다. "여러분이여 안심하라 나는 내게 말씀하신 그대로 되리라고 하나님을 믿노라"(25절). 바울은 믿음 안에서 인생을 사는 사람이었습니다. 죄수가 되어 로마로 가는 중에 죽을 위기에 몰렸지만 그는 담대했습니다. 세상과 인생이 '하나님의 말씀대로 될 것'을 확실히 믿었기 때문입니다. 오늘 우리에게는 바울과 같은 믿음이 있습니까?

1월 January 28

창세기29장 • 마태복음28장 • 에스더5장 • 사도행전28장

창세기 29장은 사기꾼 야곱이 사기의 달인 라반을 만난 20년간의 이야기입니다. 벧엘에서의 축복으로 심기일전한 야곱은 1,000km를 걸어서 외삼촌의 집에 도착합니다. 라반은 야곱을 이용할 생각에 "그를 영접하여 안고 입맞추며 자기 집으로 인도"(13절)합니다. 이때부터 강자와 약자, 고용주와 피고용주의 관계가 시작됩니다. 라반은 아주 적은 품삯으로 야곱을 부려 먹었을 뿐만 아니라 라헬을 사모하는 야곱의 감정을 이용해서 20년 동안 일을 시킵니다. 문제는 이 둘 사이에 끼인 레아였습니다. 아버지에게는 짐짝 취급을 당하고, 남편에게는 전혀 사랑을 받지 못했습니다. 그러나 하나님은 레아를 돌보셨습니다. 그를 불쌍히 여기심으로 태를 열어 주셨습니다. 간교한 사람들의 자아 중심적인 행동은 반드시 피해자를 만듭니다. 우리는 자신의 말과 행동이 다른 사람들에게 미치는 영향을 깊이 생각해야 합니다. 자신의 유익만을 향해서 달려가는 사람은 반드시 피해자를 만듭니다.

에스더 5장에는 하나님께서 돌보시는 또 다른 여인 에스더의 이야기가 나옵니다. 삼 일 동안 금식하며 기도한 에스더는 결단을 하고 왕 앞에 나아갑니다. 앞 장에서 말한 것처럼 이것은 매우 위험한 행동이었습니다. 그러나 아하수에로왕은 왕후 에스더를 매우 사랑스럽게 여겼고 금 규를 내밀어 그녀의 접견을 환영했습니다. 비록 본문에는 설명이 없지만, 이 모든 것은 하나님의 섭리요 역사입니다. 에스더는 왕과 하만을 위한 잔치를 허락해 달라고 요청합니다. 그 많은 신하들 중에서 자신만 왕후의 초대를 받았다는 사실을 알게 된 하만은 기뻐합니다. 하만은 모르드개만 죽이면 자신이 원하는 것을 다 성취한다고 믿고, 그를 죽일 커다란 나무를 세웁니다. 악한 사람들은 자신의 성취만을 기뻐합니다. 자신이 높임

받는 것을 좋아합니다. 사람들의 칭찬과 시선이 오직 자신에게만 향해 있기를 바랍니다. 그러나 이것은 복이 아니라 저주입니다. 복된 사람은 하나님의 성취와 높임과 영광을 원합니다. 그런 사람은 자신의 성공뿐만 아니라 실패도 기뻐합니다.

마태복음 28장에는 자아 중심적인 인간의 본성을 깨뜨리신 그리스도의 부활 이야기가 나옵니다. 그리스도께서 우리를 위하여 죽으신 일은 이기적인 인간들은 절대로 흉내 낼 수 없는 행동입니다. 이해할 수도 없는 행동입니다. 하나님의 영광을 위해 그분의 뜻에 완전히 순종하신 예수님은 부활의 영광을 맛보십니다. 이제 그리스도의 고난에 참여하는 사람들은 모두 그분의 영광, 그분의 부활에 참여할 수 있습니다. 18-20절에 기록된 지상 명령은 바로 이 고난과 영광으로의 참여를 요청하는 것입니다. 우리는 본래 야곱이나 라반이나 하만처럼 자기 자신만을 위한 본성을 가지고 태어났습니다. 우리는 사람들을 사랑할 줄 모르고 섬길 줄 모르는 존재입니다. 그러나 그리스도를 믿는 자들은 변화되어서 사랑과 섬김의 본성을 소유하게 됩니다. 이 새로운 본성의 구체적인 행동 지침이 바로 지상 명령입니다.

그런 의미에서 **사도행전 28장**의 바울은 우리의 본이 됩니다. 오직 자기만의 세상에서 살아가던 바리새인 바울이 이방인의 사도가 되었습니다. 그는 기꺼이 자신을 희생하여 남들을 사랑하고 섬기기를 원했습니다. 그는 멜리데섬에서 사람들을 섬겼고 로마의 가택 감옥에서도 사람들을 사랑했습니다. 바울은 자신이 머문 모든 곳에서 이기적 본성이 아니라 사랑의 본성으로 행동했습니다. 무엇보다 그는 하나님의 나라를 전파하며 주 예수 그리스도에 관한 모든 것을 담대하게 거침없이 가르쳤습니다(31절). 행동이 변하여 본성이 변한 것이 아니라 그리스도를 믿음으로 본성이 변하여 행동이 변한 것입니다. 신앙은 그리스도를 믿는 것이고 신앙생활은 그리스도를 의지하여 행하는 것입니다.

1월 January 29

창세기30장 • 마가복음1장 • 에스더6장 • 로마서1장

창세기 30장에는 야곱을 향한 하나님의 징계와 축복이 교차되어 나옵니다. 먼저, 야곱의 가정에는 자식 낳기 경쟁이 벌어집니다. 레아와 라헬 사이에 벌어진 이 싸움은 과열되어 그녀들의 시녀까지 동원되는 수준으로 발전합니다. 이 문맥에서 야곱의 의지는 전혀 나타나지 않습니다. 레아와 라헬의 말만 등장합니다. 이 사건은 야곱이 이삭의 집에서 형을 속이며 장자권을 놓고 벌였던 분쟁을 떠오르게 합니다. 과도한 욕심과 경쟁 의식으로 살았던 야곱이 똑같이 당하고 있습니다. 그러나 야곱에게는 하나님의 돌보심이 있습니다. 품삯을 결정하는 협상에서 야곱은 양과 염소 중에 '점 있는 것과 아롱진 것과 검은 것'을 달라고 합니다. 이것만으로도 큰 모험이었는데, 심지어 라반은 이에 더해서 '점 있는 것과 아롱진 것과 검은 것'을 골라서 아들들에게 맡겨 버립니다. 야곱이 아무것도 얻지 못하도록 원천 봉쇄를 한 것입니다. 그럼에도 불구하고 하나님께서 돌보시는 야곱은 큰 가축 떼를 소유하게 됩니다. 꼼수가 아닌 믿음으로 사는 자는 하나님께서 주시는 복을 정말로 만납니다.

에스더 6장에는 '하나님의 역사에 대한 매우 간접적인 구절'이 나옵니다. "그중 지혜로운 자와 그의 아내 세레스가 이르되 모르드개가 과연 유다 사람의 후손이면 당신이 그 앞에서 굴욕을 당하기 시작하였으니 능히 그를 이기지 못하고 분명히 그 앞에 엎드러지리이다"(13절). 유다 사람들에게는 알 수 없는 보호가 있음을 말하고 있습니다. 6장부터는 분위기가 바뀌기 시작합니다. 왕이 역대 일기를 우연히 읽게 됩니다. 그러던 중 모르드개가 암살 계획을 저지했다는 사실을 압니다. 왕은 모르드개를 존귀하게 할 생각으로 하만에게 그 방법을 묻는데, 하만은 존귀를 받을 대상이 자신인 줄만 알고 한껏 높여 말합니다. 그러나 그 대상이 모르드개임을 알고 머리를 감싸 쥐고 집으로 돌아옵니다. 하나님은 당신의 백성들을 돌보십니다. 하나님은 세상 사람들이 알 정도로 당신의 백성들을 티 나게 돌보십니다. 그러므로 우리에게 필요한 것은 '꾀와 요령과 꼼수'가 아니라 그분을 향한 믿음입니다. 그분에 대한 충성입니다.

마가복음 1장은 예수님의 탄생 언급 없이 사역으로 직행합니다. 특히 '하나님의 아들 예수 그리스도의 복음'(1절)을 세례 요한으로 시작한다는 것에 주목해야 합니다. 요한은 그분의 길을 준비하는 사람이었습니다. 그는 한평생 자신의 부르심에 충성했습니다. 다른 방법이나 다른 삶을 선택하지 않았고, 오직 그분의 길을 곧게 하는 것에 헌신했습니다. 예수님께서 나타나시면 그의 역할은 끝날 것입니다. 그러나 세례 요한은 자신이 빛나는 것에 관심이 없었고 그리스도께서 나타나시는 것에만 관심이 있었습니다. 그리스도의 길을 준비하는 사람들은 자기를 주장하지 않고 충성과 순종으로 살아갑니다.

로마서 1장에는 이신칭의 교리가 나옵니다. "복음에는 하나님의 의가 나타나서 믿음으로 믿음에 이르게 하나니 기록된바 오직 의인은 믿음으로 말미암아 살리라 함과 같으니라"(17절). 복음은 모든 믿는 자에게 구원을 주시는 하나님의 능력입니다. 복음은 하나님께서 선지자들을 통하여 그분의 아들에 관하여 성경에 미리 약속하신 것입니다. 복음은 항상 다시 들어야 합니다. 죄인은 의도적으로 진리를 막습니다. 죄인은 하나님을 알고도 영화롭게 하지 않습니다. 죄인은 마음의 정욕대로 삽니다. 죄인은 창조 질서를 무시하고 혼란스러운 질서를 따릅니다. 죄인은 마음에 하나님 두기를 싫어합니다. 죄인은 온갖 악한 일들을 행합니다. 죄인은 이 모든 것이 죄임을 알고도 행할 뿐만 아니라 다른 사람들까지 유혹합니다. 하나님의 은혜와 돌보심이 아니면 이 죄는 인간의 영원한 본성이 될 것입니다. 죄의 결과는 사망이므로 이 본성이 바뀌지 않는 한 사람들은 영원한 사망에 처할 것입니다.

1월 January 30

창세기31장 • 마가복음2장 • 에스더7장 • 로마서2장

창세기 31장은 야곱이 가나안을 향해 떠나는 장면입니다. 돈 욕심이 가득했던 라반과 그의 아들들은 야곱이 받은 축복을 질투합니다. 그것이 모두 자기들의 주머니에서 나왔다고 생각하기 때문입니다. 야곱은 떠나기로 결정합니다. 마침 하나님의 사자가 꿈 속에 나타나 이 결정을 지지해 줍니다. 20년을 라반에게 속아 온 야곱이 라반을 속여 그의 집을 떠납니다. 라반은 진노하였고 그를 잡아 죽이고 그의 모든 재산을 약탈하기 위해 밤낮을 가리지 않고 쫓아갔습니다. 이번에도 하나님께서 야곱을 살리십니다. 라반의 꿈에 나타나신 하나님은 야곱을 건드리지 말 것을 명령하십니다. 하나님의 돌보심으로 라반과 야곱은 화해합니다. 가족끼리 속고 속이는 중에 하나님은 홀로 신실하심을 뽐내십니다. 인간은 악하지만 하나님은 선하십니다. 인간은 분열을 조장하지만 하나님은 화목케 하십니다.

에스더 7장에서 하만은 죽임을 당합니다. 모르드개를 매달려고 했던 나무에 본인이 매달려 죽습니다. 에스더는 잔치를 베풀고 왕과 하만을 초청합니다. 그리고 왕에게 자신과 민족의 생명을 구해 달라고 간청합니다. 이미 에스더에게 마음이 녹아 있던 아하수에로왕은 그런 일을 획책하는 자가 누구인지를 물었고, 에스더는 하만이라고 답합니다. 하만은 다급히 에스더에게 생명을 구하지만 이 모습이 왕을 더욱 화나게 했습니다. 결국 하만은 자신의 계획에 따라 자신이 죽임을 당합니다. 하나님은 당신의 백성들을 돌보십니다. 그러니 자기 계획을 신뢰하지 말고 하나님의 성품과 계획을 신뢰합시다.

마가복음 2장은 당신의 백성들을 불쌍히 여기시는 예수님과 자기 신념을 신뢰하는 바리새인을 대조합니다. 예수님은 중풍병자를 고치시며 그의 죄를 사하십니다. 예수님께서 당신에게 죄를 사하실 권세가 있음을 천명하신 것입니다. 예수님은 죄인들을 불쌍히 여기셨습니다. "건강한 자에게는 의사가 쓸 데 없고 병든 자에게라야 쓸 데 있느니라 나는 의인을 부르러 온 것이 아니요 죄인을 부르러 왔노라"(17절). 그러나 바리새인들은 이해하지 못했습니다. 그들은 죄인 및 세리와 함께 식사를 하시는 예수님을 정죄했습니다. 금식도 하지 않고 안식일에 이삭을 잘라 먹는 제자들도 정죄했습니다. 예수님은 율법을 통해 자기 의를 세우고자 했던 바리새인들의 교만과 위선을 지적하시고, 율법의 목적이 예수님 당신을 향하고 있음을 가르치셨습니다. 율법은 하나님을 사랑하는 수단이지 하나님께 사랑받는 수단이 아닙니다. 율법 자체를 신앙으로 붙들고 있는 사람들이 있다면 속히 회개하고 그리스도를 신앙으로 붙드시기 바랍니다.

로마서 2장은 바로 이런 맥락에서 전개됩니다. "하나님께서 외모로 사람을 취하지 아니하심이라"(11절). 하나님은 겉으로 꾸며진 모습에 속지 않으십니다. 한 사람의 중심 속에 과연 하나님이 있는지를 평가하십니다. 당시 유대인들은 율법을 의지하였고 이를 통해서 하나님의 뜻을 알고 가르친다는 사실을 매우 뿌듯해했습니다. 그러나 정작 그 율법을 중심으로 지키지는 않았습니다. 안다는 것에 함몰되어 종교적인 말을 많이 했지만, 행동으로는 하나님을 모욕했습니다. 그들은 다만 표면적 유대인일 뿐 마음에 할례를 받은 이면적 유대인이 아니었습니다. 고집만큼 위험한 성품은 없습니다. 우리는 항상 말씀을 받을 수 있는 부드러운 마음을 유지해야 합니다. 그것을 위해 기도해야 합니다. 성령의 도우심을 간구해야 합니다. 마음속에 야곱, 라반, 하만 같은 마음이 있다면 이를 회개해야 합니다. "다만 네 고집과 회개하지 아니한 마음을 따라 진노의 날 곧 하나님의 의로우신 심판이 나타나는 그날에 임할 진노를 네게 쌓는도다"(5절).

1월 January 31

창세기32장 • 마가복음3장 • 에스더8장 • 로마서3장

라반에게 명령하여 야곱을 돌보신 하나님께서 이제 에서를 억제하여 야곱을 돌보십니다. **창세기 32장**은 절체절명의 위기를 맞은 야곱을 하나님께서 어떻게 인도하시는지를 보여 줍니다. 가나안 땅에 거의 도착한 야곱을 찾아온 소식은 형 에서가 400명을 이끌고 자신을 향해 온다는 것이었습니다. 야곱은 에서를 두려워했습니다. 하나님의 사자가 그를 안심시켰지만, 야곱의 두려움은 잠잠해지지 않았습니다. 그는 무리를 두 떼로 나누었고, 예물을 에서에게 보냈으며, 모든 무리 중에서 가장 뒤편에 숨어 있었습니다. 그곳에서 하나님을 만나 씨름을 하게 되었고, 난생 처음 하나님께 간절히 도움을 구했습니다. 자신의 의지를 드디어 포기한 것입니다. 야곱을 절름발이로 만드신 하나님은 야곱에게 새 이름을 주셨는데, 이것은 지금까지의 야곱이 아니라 전혀 새로운 존재의 야곱이 되었다는 선언입니다. 32장은 끝까지 포기하시지 않는 하나님의 열심과 마지막 순간까지 가야만 포기할 줄 아는 인간의 고집을 잘 대비하고 있습니다.

하만은 죽었지만 유다 사람들의 위기는 계속되었습니다. 왕의 조서가 남아 있었기 때문입니다. **에스더 8장은** 이 조서가 폐기되고 유다 민족의 생명이 보존되는 장면입니다. 에스더는 다시 한 번 왕에게 나아가는데, 이 조서를 폐해 달라는 부탁을 하기 위해서였습니다. 에스더의 지속적인 부탁에 화를 낼 법도 하지만, 아하수에로왕은 이 모든 것에 응합니다. 사람의 마음까지 다루시는 하나님의 숨어 있는 섭리입니다. 조서를 철회할 수는 없었기에 새로운 조서를 만들었습니다. "그들(유다인들)이 함께 모여 스스로 생명을 보호하여 각 지방의 백성 중 세력을 가지고 그들을 치려 하는 자들과 그들의 처자를 죽이고 도륙하고 진멸하고 그 재산을 탈취하게"(11절) 하는 법이었습니다. 이 조서가 급히 페르시아 전역으로 전달되었고 유다 사람들은 크게 기뻐하였습니다. 슬픔이 변하여 기쁨이 된 것입니다.

마가복음 3장의 예수님은 슬픔 속에 놓여 있는 사람들을 기쁨으로 회복하십니다. 손 마른 사람을 고치시고 더러운 귀신들을 쫓아내시며 각종 병들을 물리치셨습니다. 그러나 바리새인들은 보고 싶은 것만 봤습니다. 병에 걸렸다가 나음을 입은 사람들의 기쁨이 아니라 자신들이 정한 '안식일 규정'만 보였던 것입니다. 반역한 인간의 특징입니다. 성경은 그들을 소경이라고 합니다. 보아도 보지 못하는 사람, 영적인 안목이 어두워져 있는 사람, 보고 싶은 것만을 골라서 보는 사람, 해석하고 싶은 대로 해석하는 사람, 이들은 반역한 자들입니다. 그들은 예수님이 귀신의 왕을 힘입어 귀신을 내쫓는다고 주장하였습니다. 그들의 강퍅한 마음과 끝 모를 불신에 대해서 예수님은 '성령 모독죄'를 언급하십니다. 성령 모독죄는 특별한 죄라기보다 성령께서 증거하시는 예수님을 끝까지 믿지 않는 죄입니다.

로마서 3장은 우리 모두가 이와 같다고 합니다. "모든 사람이 죄를 범하였으매 하나님의 영광에 이르지 못하더니"(23절). 의인은 없습니다. 깨닫는 자도 없고 하나님을 찾는 자도 없습니다. 죄인들은 자신의 욕망만을 따릅니다. 거짓과 비방을 달고 삽니다. 사람들을 희생해서라도 자신의 이득을 챙깁니다. 인간은 참으로 악한 고집쟁이입니다. 그런데 이 악한 고집을 꺾으시는 한 분이 나타나셨습니다. 그리스도 예수입니다. 이 예수님을 믿는 자만이 의롭다 함을 얻습니다. 이 예수님을 믿는 사람만이 생명을 얻습니다. 예수님을 참으로 믿으십시오.

February
/
2월

2월 February 01

창세기33장 • 마가복음4장 • 에스더9–10장 • 로마서4장

창세기 33장은 오랜 갈등이 해결되는 장면입니다. 야곱은 에서와 400명의 장정들이 다가오는 것을 보고 제일 앞에 나가서 맞이합니다(3절). 제일 뒤에 머물러 있던 어제와는 전혀 다른 배치입니다. 이것이 브니엘(하나님을 대면하여 보았다)의 힘입니다. 야곱이 걱정했던 일은 일어나지 않았고, 에서는 자신의 동생을 환대했습니다. 에서는 자신이 사는 세일 지역으로 야곱을 초대했지만, 여전히 형을 두려워하는 야곱은 정중하게 거절합니다. 대신에 그는 세겜으로 자리를 옮깁니다. 이곳에서 제단을 쌓고 그 이름을 '엘엘로헤이스라엘'이라고 하는데, '하나님, 이스라엘의 하나님'이라는 뜻입니다. 이는 창세기 28장 21절의 말씀, 곧 '내가 평안히 아버지 집으로 돌아가게 하시오면 여호와께서 나의 하나님이 되실 것이요'를 기억한 야곱의 신앙 고백이기도 합니다.

에스더 9장과 **에스더 10장**도 오랜 갈등이 해결되는 장면입니다. 이스라엘 역사 속에서 항상 대립하던 아말렉 족속과의 갈등이 끝납니다. 그들이 멸절된 것입니다. 왕의 조서가 작성되고 약 9개월이 지난 후에 드디어 그 일이 실행됩니다. 그날은 하만이 점을 쳐서 길일로 잡은 날이었습니다. 반전시키시는 하나님의 역사가 놀라울 뿐입니다. 수산에서 유대인을 미워하던 500명이 죽었고 하만의 아들 10명도 함께 죽임을 당했습니다. 아하수에로왕은 에스더에게 "무엇을 더 원하느냐?"라고 물었고, 이에 하루를 더 줄 것과 하만의 아들들을 나무에 매달게 해 줄 것을 요청합니다. 이는 수산에 남은 원수들을 뿌리 뽑고 여전히 유대인들을 미워하는 사람들에게 경고하기 위함이었습니다. 왕은 허락해 주었습니다. 성경은 페르시아 전역에서 7만 5천 명이 죽었다고 기록합니다. 그만큼 반유대인 정서가 뿌리 깊었다는 것을 의미합니다. 모르드개는 페르시아의 2인자가 되어서 유대인들의 안위를 돌보게 됩니다. 이 사건은 부림절의 유래를 보여 주는데, 그 뜻은 '제비뽑기'입니다. 이는 우연히 일어난 사건의 뒤편에 하나님의 세밀한 섭리가 있음을 의미하는 단어입니다. 에스더서에 나오는 하나님은 보이지 않지만 실재하시는 분이고, 숨겨져 있지만 당신의 백성들을 위해 열심히 일하시는 분입니다.

마가복음 4장은 하나님 나라의 비유와 바다를 잠잠하게 하시는 예수님에 관한 이야기입니다. 예수님께서 비유로 말씀하시는 이유는 일종의 경고입니다. 예수님을 거부하는 자들은 깨달음을 얻을 기회를 잃을 것입니다. 그러나 예수님을 영접하는 자들은 생명과 풍요로움을 얻게 될 것입니다. "있는 자는 받을 것이요 없는 자는 그 있는 것까지도 빼앗기리라"(25절). 예수님이 누구시기에 이와 같은 기준이 될까요? 35절 이하에 등장하는 내용은 이 질문에 대한 답변입니다. 천지만물이 순종하는 예수님은 도대체 누구실까요? 그분은 창조주이시고 통치자이시며 심판자이십니다. 그분을 믿고, 그분 말씀에 마음을 부드럽게 하는 자들만이 야곱처럼, 에스더처럼, 모르드개처럼 하나님의 돌보심을 입을 수 있습니다.

로마서 4장은 이와 같은 믿음의 결정성을 말합니다. 바울은 아브라함이 행위나 할례를 통해 의롭다 함을 얻은 것이 아니라 오직 믿음을 통해서만 의롭다 함을 얻었음을 논증합니다. 아브라함은 모든 믿는 자들의 조상입니다. 하나님께서 아브라함의 믿음을 보시고 의롭다 여기셨다면 오늘도 믿음을 통해서 의롭다 하실 것입니다. 그리스도를 믿는 믿음, 그것만이 우리의 운명과 생활을 영원히 바꾸어 놓습니다. 길가 밭, 돌밭, 가시떨기 밭과 같은 마음을 속히 버리고 좋은 밭의 마음으로 그리스도를 영접합시다. 예수님을 믿는 자들에게는 하나님의 아들이 되는 권세가 주어집니다.

2월 February 02

창세기34장 • 마가복음5장 • 욥기1장 • 로마서5장

창세기 34장은 가나안 땅에 도착했지만 여전히 험난한 세월을 보내는 야곱 가족 이야기입니다. 야곱의 딸 디나가 히위 족속의 세겜이라는 인물에게 성폭행을 당합니다. 세겜은 자신의 아버지 하몰과 함께 디나를 아내 삼겠다고 야곱을 찾아옵니다. '통혼'(9절)을 요청한 것입니다. 아브라함이 이삭의 아내를 위해 메소보다미아까지 사람을 보냈던 것을 생각하면 일언지하에 거절했어야 하는데, 야곱은 무슨 일인지 가만히 있습니다. 오히려 분을 낸 것은 야곱의 아들들, 특히 시므온과 레위입니다. 그들은 거짓말을 해서 히위 족속을 멸절할 계획을 세웁니다. 마치 젊은 날의 야곱이 그랬던 것처럼 말입니다. 야곱의 아들들은 할례를 받고 괴로워하는 히위 족속의 남자를 모조리 죽이고 그들의 재산도 모두 약탈합니다. 자신의 딸이 성폭행을 당했을 때는 감정을 드러내지 않았던 야곱이 이때 처음으로 분노합니다. "너희가 내게 화를 끼쳐 … 나를 치고 나를 죽이리니"(30절). 야곱은 여전히 하나님의 약속이나 자녀가 위협받는 것보다 자신의 안위가 더 걱정이었던 것입니다.

욥기 1장에는 하늘과 땅의 이야기가 교차되어 나옵니다. 먼저, 욥이라는 인물을 소개합니다. 욥은 유대인이 아닐 가능성이 높으며, 아브라함, 이삭, 야곱의 시대에 겹쳐 있는 인물로 알려져 있습니다. 그는 "온전하고 정직하여 하나님을 경외하며 악에서 떠난 자"(1절)였습니다. 그가 어떻게 하나님을 알았는지는 알 수 없습니다. 다만, 그는 참으로 하나님을 섬겼던 자였고, 그런 면에서 야곱과는 반대되는 인물이었습니다. 천상회의에 참석한 사탄은 욥의 경건에 대해서 이의를 제기했습니다. 그가 볼 때, 욥

은 하나님의 복 주심에 반응해서 섬기는 것에 불과했습니다. 하나님이 찬양받기에 합당하시기 때문이 아니라 경건을 통해 복을 얻어 내려는 심산이라는 것입니다. 하나님의 허락 하에 욥은 순식간에 모든 것을 잃습니다. 그러나 사탄의 주장과는 달리 욥은 이렇게 고백합니다. "내가 모태에서 알몸으로 나왔사온즉 또한 알몸이 그리로 돌아가올지라"(21절). 욥은 부유함이나 고난에 반응하지 않고 오직 하나님께만 반응하였습니다.

마가복음 5장은 천상에서 다스리시던 예수님께서 땅을 거니시며 능력을 행하시는 장면을 보여 줍니다. 욥기 1장처럼 귀신도 예수님의 허락을 받고 움직입니다. 비록 악이 세상에 존재하고는 있지만, 하나님의 주권은 결코 위축되지 않습니다. 예수님은 귀신 들린 자를 결박에서 풀어 주십니다. 이어서 12년 동안 혈루병에 사로잡혔던 여인을 고치시고, 야이로의 딸을 죽음에서 건져 내십니다. 예수님은 악이 고통을 생산해 내는 죄 된 세상의 유일한 구원자가 되십니다. 그분은 그럴 능력과 성품과 의지를 가지셨습니다. 그런 예수님을 믿는 길만이 은혜를 얻는 유일한 방법입니다.

로마서 5장에서 바울은 하나님의 은혜를 입은 백성이 사는 방식을 말합니다. 그들은 세상의 위로나 성공이 아니라 오직 하나님의 영광만을 즐거워합니다(2절). 이를 소망함으로 인내하고 연단을 받습니다. 이 소망이 부끄럽지 않은 이유는, 하나님의 사랑이 십자가에서 확증되었기 때문입니다. 사탄의 참소가 거세지만, 그리스도의 십자가는 굳건합니다. 십자가를 믿는 자들은 하나님의 사랑과 영광을 위해 잠잠할 수 있습니다. 야곱처럼 두려움에 사로잡히기보다는 욥과 같이 모든 것을 잃고도 하나님을 바라볼 수 있습니다.

2월 February 03

창세기35–36장 • 마가복음6장 • 욥기2장 • 로마서6장

창세기 35과 **창세기 36장**은 세대 교체의 서막을 알립니다. 무려 세 사람의 죽음이 나오는데, 리브가의 유모 드보라(8절), 라헬(19절), 이삭(29절)입니다. 각 사람의 죽음은 각기 상징적 의미가 있습니다. 34장에서 야곱의 가족은 큰 위기를 맞습니다. 고대 근동에는 '죽음은 반드시 죽음으로 갚아줘야 한다'는 법이 있었기 때문에 야곱은 두려움에 떨었습니다. 늘 그렇듯 하나님께서 먼저 찾아오십니다. 벧엘의 제사를 통해 야곱과 맺은 언약을 완성하시고 사면 고을들이 오히려 두려움에 떨도록 역사하십니다. 하나님은 야곱에게 다시 한 번 큰 민족과 왕국을 약속하십니다. 그렇게 야곱의 시대는 저물어 갑니다. 그의 첫째 아들 르우벤이 아버지의 첩, 빌하를 취한 것은 아버지의 권위를 향한 직접적인 반항이었습니다. 야곱의 지도력이 무너져 가고 있는 것입니다. 탐욕과 공포와 불안과 거짓말로 자기 인생을 스스로 세워 보려고 했던 야곱은 가정 안에서 영적 지도력을 잃어버리고 말년에 계속하여 아들들에게 속아 넘어가게 됩니다.

욥기 2장은 욥의 처절한 파멸을 그리고 있습니다. 1장에서 사탄의 시험을 통과했던 욥은 2장에서 더욱 커다란 고통을 당합니다. 그의 온몸에 심한 종기가 난 것입니다. 이는 천상회의에서 사탄이 제안한 것입니다. 사탄은 욥의 경건이 여전히 조건적 경건임을 주장하였고, 하나님은 욥의 경건이 하나님 자신의 영광을 향해 있음을 증명하고자 고통을 허락하셨습니다. 욥은 이 두 번째 시험도 통과합니다. "우리가 하나님께 복을 받았은즉 화도 받지 아니하겠느냐 하고 이 모든 일에 욥이 입술로 범죄하지 아니하니라"(10절). 욥도 야곱처럼 매우 극단적인 인물입니다. 야곱이 비틀어진 인생의 대표적 인물이었다면, 욥은 경건한 인물의 대표입니다. 야곱 이야

기를 통해 가장 형편없는 사람도 하나님께서 만들어 가신다는 것을 보여주었다면, 욥 이야기는 가장 의로운 사람도 믿음의 시험을 받을 수 있다는 것을 보여줍니다. 2장은 욥을 위로하기 위해 찾아온 세 친구의 등장으로 끝이 납니다.

마가복음 6장은 예수님을 영접하는 자들과 거부하는 자들이 등장합니다. 먼저, 예수님의 고향 사람들은 거부합니다. "이 사람이 마리아의 아들 목수가 아니냐"(3절). 그들은 예수님을 경멸하였고 그분의 능력과 교훈을 무시했습니다. 이처럼 극단적인 배척이 있는 곳에서 예수님은 아무 권능도 행하지 않으셨습니다. 헤롯 역시 예수님을 거부합니다. 그는 자신이 죽여 버린 세례 요한이 다시 나타났다고 두려워합니다. 그는 자신의 권위와 영광에 취해서 하나님의 말씀을 들을 귀가 없었고, 사람들의 시선을 뚫고 말씀을 행할 용기도 없었습니다. 그러나 예수님을 받아들인 사람들도 있었는데, 그들에게 예수님은 풍성한 능력을 행하셨습니다. 오병이어의 기적으로 먹이셨고 바다를 잠잠케 하셨습니다. 그리스도의 은혜는 항상 그 자리에 있습니다. 우리가 마음을 열고 그분의 은혜를 간구하면 놀라운 생명과 평강이 십자가 아래에서부터 쏟아져 들어올 것입니다. 반면에 고집스러움과 완고함으로 끝까지 거부하면 야곱과 같이 힘겨운 인생을 살게 될 것입니다.

로마서 6장에서 바울은 그리스도의 은혜를 받아들이면, 우리는 그 즉시 그리스도와 연합하게 된다고 말합니다. 그리스도와 연합한다는 것은 우리가 더 이상 죄의 사슬에 얽매이지 않아도 됨을 의미합니다. 참된 그리스도인은 은혜를 이용해서 죄를 계속하여 탐닉할 수 없습니다. 죄에 대하여는 죽고 하나님에 대하여는 살아났기 때문입니다(11절). 그러므로 우리는 더 이상 죄의 종노릇을 하지 말고, 의의 종이 되어야 합니다. 야곱과 욥을 기억하십시오. 어떤 삶을 살아야 합니까?

2월 February 04

창세기37장 • 마가복음7장 • 욥기3장 • 로마서7장

창세기 37장은 새로운 단락의 시작입니다. 이 단락의 주요 인물은 요셉입니다. 사건은 요셉과 나머지 형제들의 갈등이고, 그 원인은 채색옷, 고자질, 꿈이었습니다. 야곱의 끝없는 편애, 그리고 요셉의 눈치 없는 발언은 형들을 극도로 분노하게 했습니다. 야곱이 가정의 영적 지도력을 잃어버렸다는 것은 이 본문에서도 드러납니다. 그는 자식들 사이에 일어난 갈등을 전혀 눈치채지 못하고 요셉을 형들이 양을 치는 세겜 땅으로 보냅니다. 형들은 즉각 반응합니다. 원래는 죽일 계획이었지만, 맏형 르우벤의 개입으로 구덩이에 던져 넣는 것으로 끝납니다. 그리고 지나가던 이스마엘 상인들에게 요셉을 팔아 치웁니다. 불안불안하던 한 가정의 평화가 극단적인 파멸을 맞이한 것입니다. 17세의 소년이었던 요셉은 예상치 못한 운명의 구렁텅이에 떨어지게 되었고, 그를 아끼던 야곱은 거의 실성하다시피 했습니다. 야곱의 험난한 세월은 아직 끝난 것이 아니었습니다. 그러나 인간의 악한 마음과 거기에서부터 나온 악한 계획도 하나님의 손에 붙들려 있습니다. 37장의 이야기는 보이지 않는 하나님의 손길에 따라 섭리되었는데, 17절에 등장하는 '한 사람'은 요셉에게 도단으로 가는 길을 알려 줌으로 '요셉 이야기, 더 나아가 출애굽 이야기'의 서막을 완성합니다.

욥기 3장은 욥의 독백입니다. '악'도 자신의 영광과 계획을 위해 사용하시는 하나님의 섭리는 욥 이야기에 가장 잘 나타납니다. 그는 자신이 태어나지 않았으면 좋았을 뻔했다는 말을 반복합니다. 절망스런 오늘이 자신의 과거를 부정하는 쪽으로 이끌고 있습니다. 차라리 빨리 죽음이라는 쉼을 누리기를 소원합니다. 그런데 현실은 어떻습니까? 여전히 생명이 남겨져 있습니다. 그의 눈앞에는 온몸으로 뚫고 지나가야 하는, 죽음보다 고통스러운 현실이 있습니다. "나에게는 평온도 없고 안일도 없고 휴식도 없고 다만 불안만이 있구나"(26절). 이것을 불신의 표현이라고 여겨서는 안 됩니다. 욥기는 가장 경건한 사람도 극심한 고통을 당할 수 있음을 전제합니다. 이유 없이 당하는 고난만큼 괴로운 일은 없습니다. 욥은 지금 하나님의 뜻을 알지 못하여 헤매고 있는 것입니다. 그는 육체적, 정신적 고통에 더해서 영적인 고통까지 떠안고 있습니다. 가장 온전한 사람이 당하는 극도의 고통과 외로움은 신약의 예수 그리스도께서 당하실 십자가 고난을 예표합니다.

마가복음 7장은 바리새인과 이방인들을 비교하면서 새로운 역사가 열리고 있음을 보여 줍니다. 바리새인과 서기관들은 장로들의 전통으로 하나님의 말씀을 폐합니다. 무엇보다도 말씀 그 자체이신 예수님을 향해 적개심을 드러냅니다. 반면에 두로 지방의 이방인들은 예수님을 붙듭니다. 수로보니게 여인, 귀먹고 말 더듬는 자에게 행하신 예수님의 능력은 이방 지역에도 복음이 선포될 것을 예고합니다. 오랜 세월 어둠에 갇혀 있던 이방 지역에 서서히 빛이 들어오기 시작한 것입니다.

로마서 7장에서 바울은 자신의 실존적 고뇌를 외칩니다. "오호라 나는 곤고한 사람이로다 이 사망의 몸에서 누가 나를 건져 내랴"(24절). 마음으로는 하나님의 법을 소망하지만 육체로는 여전히 죄의 법을 따르는 자신을 발견하면서 외친 것입니다. 우리는 이 땅에서 육체의 옷을 입고 지내는 동안 고난과 고뇌가 끊이지 않을 것입니다. 요셉이나 욥처럼 경건했던 사람들에게도 고난이 찾아왔던 것처럼, 오늘날에도 하나님은 경건한 사람들을 통해 영광 받으시기 위해 우리의 울타리를 걷어 내십니다. 그러나 우리에게는 항상 소망이 있습니다. 예수 그리스도입니다. 수로보니게 여인이 되어서, 귀먹고 말 더듬는 자가 되어서, 오직 그리스도께 매달린다면, 어둠이 빛으로 변하는 능력의 현장을 맛보게 될 것입니다.

2월 February 05

창세기38장 • 마가복음8장 • 욥기4장 • 로마서8장

창세기 38장은 요셉의 이야기를 잠깐 멈추고 유다 이야기를 전개합니다. 이는 요셉과 더불어 유다가 이스라엘의 장자가 될 것을 예고하는 것입니다. 하지만 요셉과 달리 유다는 매우 부적격한 사람이었습니다. 그는 가나안의 여인과 결혼하였고, 며느리 다말에게 아들을 내어 주지 않음으로 하나님의 약속, 곧 민족을 형성하시겠다는 말씀을 좌절시킬 위험을 초래합니다. 첫째 아들, 둘째 아들을 잃은 유다는 셋째 아들이 장성하였음에도 불구하고 다말과 결혼을 시키지 않습니다. 고대 근동의 관례나 율법에 따르면, 남편이 죽었을 때 그 남편의 형제가 죽은 형제의 아내를 책임져야 했습니다. 유다는 첫째, 둘째가 죽자 셋째까지 죽을 것을 염려하여 다말을 과부로 늙어 가게 두었는데, 다말이 꾀를 냅니다. 유다가 양털을 깎으러 가는 길목에 신전 창녀로 분하여 그와 동침을 한 것입니다. 수확기에 신전 창녀와 성관계를 맺으면 수확량이 많아진다는 가나안 종교의 영향을 받은 것입니다. 다말은 자신의 임신에 분노하는 유다에게 지팡이와 도장을 증거로 제시합니다. 유다는 "네가 나보다 옳도다"라는 말을 하는데, 이는 다말의 행위가 하나님의 약속을 성취하는 방식이었음을 인정한 것입니다.

욥기 4장부터는 욥과 세 친구들의 논쟁입니다. 4장에서 먼저 말을 시작한 인물은 엘리바스입니다. 엘리바스가 하는 말은 매우 설득력이 있고 그럴듯합니다. 그의 논지는 7절에 집중됩니다. "생각하여 보라 죄 없이 망한 자가 누구인가 정직한 자의 끊어짐이 어디 있는가?" 즉 엘리바스는 욥의 고난이 그가 지은 죄에 따른 것임을 확신하고 있습니다. 엘리바스는 매우 단순한 세계관을 가지고 있습니다. 선한 자는 복을 받고 악한 자는 저주를 받는다는 도덕 질서가 그의 유일한 세계관입니다. 따라서 그가 볼 때, 욥은 받을 만한 징계를 받고 있는 것에 불과합니다. 그의 도덕적 세계관은 그럴듯해 보이지만, 누구도 위로할 수 없습니다. 세계는 인간의 행위에 따라 복과 저주를 나누어 줄 뿐입니다. 엘리바스의 주장에는 구원이 없고, 위로가 없고, 약속이 없습니다. 그의 이야기가 결코 복음이 될 수 없는 이유입니다. 그러나 그리스도는 우리의 유일한 위로가 되십니다. 살아서나 죽어서도 오직 예수님만이 우리의 위로입니다.

마가복음 8장은 예수님이 우리를 먹이시고 고치시며 가르치시는 '구원자'시라고 말합니다. 그분은 헬라화된 변방 지역에서 굶주린 자들을 칠병이어로 먹이시는 분입니다. 그분은 맹인의 손을 잡고 안수하셔서 밝은 빛을 보게 하시는 분입니다. 그분은 당신의 제자들에게 당신이 누구인지를 다정하게 가르쳐 주시는 분입니다. 예수님은 우리의 도덕적 능력에 주목하지 않고, 당신의 긍휼과 자비를 따라서 먹이시고 고치시며 가르치십니다. 하나님은 유다처럼 형편 없는 사람을 통해서도 당신의 구속사를 전개하는 주권자이십니다. 하나님께서는 우리의 도덕적 능력에 좌우되시는 분이 아닙니다. 그러므로 예수님을 믿는 자들에게는 정죄함이 없습니다(롬 8:1). 예수님만이 우리의 도덕이요, 의로움이요, 거룩함이 됩니다.

로마서 8장은 자신의 도덕적 능력이 아니라 그리스도의 사랑에 주목해야 한다고 말합니다. 성령께서 도우실 것입니다. 하나님께서 위하시면 우리를 대적할 사람이 없습니다. 그리스도께서 우리의 중보자가 되시기에, 우리는 언제나 든든합니다. 그리스도의 사랑에서 우리를 끊을 수 있는 것은 아무것도 없습니다. 우리의 행위나 어떠함이 아니라, 우리를 사랑하시는 이로 말미암아 우리는 넉넉히 이깁니다. "사망이나 생명이나 천사들이나 권세자들이나 현재 일이나 장래 일이나 능력이나 높음이나 깊음이나 다른 어떤 피조물이라도 우리를 우리 주 그리스도 예수 안에 있는 하나님의 사랑에서 끊을 수 없으리라"(38-39절).

2월 06 February

창세기39장 • 마가복음9장 • 욥기5장 • 로마서9장

창세기 39장에는 요셉의 형통함과 끝나지 않은 억울함이 교차되어 나옵니다. 채색옷을 벗고 노예의 옷을 입은 요셉은 애굽의 친위대장 보디발의 집으로 팔려 갑니다. 그런데 성경은 하나님께서 함께하심으로 요셉이 형통하였다고 기록합니다. 실제로 요셉은 보디발의 집사가 되어서 그 집을 복되게 합니다. 이는 '너를 축복하는 자에게는 축복을, 저주하는 자에게는 저주를 주겠다'(창 12:3)는 하나님 말씀의 성취입니다. 하지만 요셉의 억울함은 아직 끝나지 않았습니다. 보디발의 아내가 요셉을 유혹하기 시작했고, 거절당한 그녀가 누명을 씌웠기 때문입니다. 요셉은 감옥에 갇히게 됩니다. 노예의 옷에서 다시 죄수의 옷으로 갈아입은 것입니다. 요셉의 성실함이 아무런 보상을 얻지 못하고, 오히려 가장 낮은 곳으로 미끄러집니다. 그러나 성경은 하나님의 함께하심으로 그가 계속하여 형통한다고 말합니다.

욥기 5장에서 엘리바스는 제법 옳은 말들을 합니다. 예를 들어, "지혜로운 자가 자기의 계략에 빠지게 하시며"(13절)라는 구절은 고린도전서 3장 19절에서 바울이 인용한 말입니다. 문제는 그의 옳은 말들이 단지 도덕적이고 기계적인 충고밖에 되지 않는다는 점입니다. 그는 욥의 마음을 전혀 살피지 않았고, 그의 마음을 찌르는 비수 같은 말을 남발했습니다. 22-26절에 이어지는 그의 말은, 자녀와 재산을 모조리 잃어버린 후 황망해하는 욥에게 할 수 있는 말이 아닙니다. 엘리바스는 욥에게 지금 당하는 고난은 모두 네가 잘못했기 때문이며 이제부터라도 하나님께 잘 복종하면 하나님께서 다시 복을 주실 것이라고 충고합니다. 그의 충고에는 하나님의 자비와 은혜가 설 자리가 전혀 없었습니다. 그러나 요셉의 고난이 자기 잘못 탓에 찾아온 것이 아닌 것처럼 욥의 고난도 그와 같은 도덕적 결과가 아니었습니다. 신앙에는 도덕적 요소가 포함되어 있지만, 신앙의 본질은 도덕이 아닙니다. 하나님의 은혜입니다. 십자가의 공로입니다. 이것을 깨닫지 못하는 사람은 고통 중에 있는 형제를 위로할 수 없습니다. 그리스도의 사랑을 건네주지 못합니다.

마가복음 9장에서 예수님은 당신을 고통으로 가득찬 세상의 구원자로 제시합니다. 산 위에서 영광의 모습으로 변형하신 주님은 우리에게 부활의 산 소망을 보여 주십니다. 죽음은 끝이 아닙니다. 우리에게는 부활 영광이 기다립니다. 산 밑에는 고통당하는 아이와 그 아버지가 있습니다. 제자들은 누구도 귀신을 쫓아내지 못했지만 예수님은 단번에 귀신을 쫓아내십니다. 제자들이 그 일을 하지 못한 것은 그들에게 '믿음이 없었기' 때문입니다. 예수님을 의지하는 자들에게는 능치 못할 일이 없습니다. 고통도 우리를 장악하지 못합니다. 죽음도 우리를 압도하지 못합니다. 순전한 마음으로 주님을 믿는 자들에게 그리스도의 충만함이 주어질 것입니다.

로마서 9장은 하나님의 주권을 설명합니다. 바울은 골육의 친척, 곧 유대인들을 향한 자신의 마음이 얼마나 애타는지를 말합니다. 그러나 구원은 하나님의 주권 안에 있음을 명확히 합니다. 하나님은 하고자 하시는 자들을 긍휼히 여기시고 하고자 하시는 자를 완악하게 하시는 토기장이입니다. 하나님의 손에 붙들린 자들은 반드시 주님 뜻대로 살게 되어 있습니다. 오늘의 고난이나 아픔이나 슬픔이 우리를 변경시킬 수 없습니다. 노예였던 요셉도 주님 뜻대로 살았습니다. 고난당했던 욥도 주님 뜻대로 살았습니다. 그렇다면 우리도 주님 뜻대로 살게 될 것입니다. 오늘의 현실에 과도하게 몰입되지 맙시다. 고통의 현장에서도 믿음의 실력을 발휘합시다. 부활 영광을 생각하고 우리를 위로하시는 그리스도를 바라보며 영원히 당신의 뜻대로 일하시는 하나님께 감사합시다.

2월 February **07** 창세기40장 • 마가복음10장 • 욥기6장 • 로마서10장

창세기 40장은 41장의 서론이라고 할 수 있습니다. 어둠의 터널 속에 빛이 비추기 시작했습니다. 감옥에 갇힌 지 얼마나 되었는지는 모르지만, 17세에 애굽으로 팔려 온 요셉의 나이는 28살이 되었습니다. 노예와 죄수로 11년의 청년 시절을 허비한 것입니다. 그러나 하나님께서는 요셉의 때를 준비하고 계셨고, 그 서곡이 시작되었습니다. 술 관원과 빵 굽는 관원이 요셉이 갇힌 감옥으로 들어왔습니다. 이 둘은 각기 왕에게 죄를 지었는데, 어느 날 둘이 비슷한 꿈을 꿉니다. 요셉의 해몽에 따르면, 술 관원은 복직을, 빵굽는 관원은 사형을 당하게 될 처지였습니다. 요셉의 해몽은 적중하였지만 술 관원은 요셉을 잊어버렸습니다. 다시 한 번 우울한 상황에 놓인 것입니다. 하지만 하나님의 일하심은 쉼이 없었고, 그분은 항상 요셉을 붙들고 계셨습니다. 요셉의 관점에서는 가장 어두운 시기였지만, 하나님의 관점으로는 새로운 일이 시작되기 직전이었습니다.

욥기 6장에서 욥은 감정적으로 폭발합니다. 엘리바스의 충고는 그에게 전혀 도움이 되지 않았습니다. 욥은 자신의 분노와 슬픔이 정당하다고 항변합니다. "들나귀가 풀이 있으면 어찌 울겠으며 소가 꼴이 있으면 어찌 울겠느냐"(5절). 슬픔을 당한 자들에게 믿음으로 꾹 참기를 강요하는 것은 바람직하지 않습니다. 기독교 신앙은 사람들의 감정을 억제시키는 것이 아니라 위로하는 것입니다. 욥은 고통의 원인이 '무엇인가를 잃어버렸기 때문'이 아니라, '전능자의 화살이 자신에게 박혔기 때문'(4절)이라고 합니다. 욥은 자신이 하나님을 거역하지 않았음에도 불구하고 하나님의 진노를 당한다는 사실에 두려움을 품습니다. 신자의 부당한 고난으로 말미암아 하나님의 이름이 멸시당하게 될 위험을 말하는 것입니다. 그러나 친구

들은 욥의 상태와 처지와 마음을 전혀 이해하지 못했습니다. 그들은 욥에게 위로가 되지 못했습니다. "옳은 말이 어찌 그리 고통스러운고"(25절). 어둠을 걷는 사람을 두고 종교적 훈수와 비평을 하지 마십시오. 오히려 같이 손을 잡고 어둠을 함께 견디며 빛 되신 주님을 기다리십시오. 그것이 위로입니다.

마가복음 10장에는 바디매오를 고치시는 예수님이 나옵니다. 예수님께서 허다한 무리와 함께 여리고성을 나서십니다. 예루살렘에 입성하시기 위해서입니다. 사람들은 예수님이 왕이 되실 것을 기대했지만, 예수님은 십자가를 바라보셨습니다. 어찌 되었든 매우 긴장되는 순간입니다. 그때 바디매오라는 맹인 거지가 예수님을 향해 소리칩니다. "나를 불쌍히 여기소서." 승리감에 도취되어 있었던 무리는 매우 불쾌해졌습니다. "잠잠하라." 그러나 예수님은 이렇게 말씀하십니다. "네게 무엇을 하여 주기를 원하느냐"(51절). 예수님은 바디매오를 불쌍히 여기셨고 그의 눈을 고쳐 주셨습니다. 우리는 때때로 자신의 종교적 신념때문에 한 사람의 불행을 보지 못할 때가 있습니다. 자신의 즐거움과 쾌락을 보존하기 위해 고통 중에 있는 사람을 외면할 때가 있다는 것입니다. 그러나 예수님은 항상 긍휼히 여겨야 할 사람들을 긍휼히 여기셨습니다. 고통 속에 있는 자들을 외면하지 않으셨습니다. 예수님이야말로 가장 강력한 위로가 되십니다. 이 예수님을 받아들일 수 있는 방법이 무엇입니까?

로마서 10장에서 바울은 마음으로 믿고 입으로 시인하라고 가르칩니다. 믿음은 들음에서 납니다. 들음은 그리스도의 말씀으로 옵니다. 그리스도의 말씀은 그 말씀을 듣고 전하는 자들로 말미암아 전파됩니다. 그러므로 말씀을 들어야 합니다. 말씀을 전해야 합니다. 말씀이 선포되는 중에 성령의 역사가 일어납니다. 이 아름다운 소식이 우리 인생의 모든 고통을 종식시키고, 영광의 주님을 즐거워하게 합니다.

2월 February 08

창세기41장 • 마가복음11장 • 욥기7장 • 로마서11장

창세기 41장은 요셉이 드디어 애굽의 총리가 되는 장면입니다. 채색옷이 찢어진 이후, 노예와 죄수의 옷을 입었던 요셉이 이제는 세마포 옷(총리의 옷)을 입게 됩니다. 자신의 꿈을 정확하게 해몽하고 그 해결책까지 제안한 요셉에게 바로 왕은 애굽의 두 번째 자리를 줍니다. 이때 그의 나이는 30세였고 애굽에 팔려온 지 14년째가 되는 해였습니다. 요셉 인생에서 가장 어두웠던 14년은 바로 이날을 위한 하나님의 섭리였습니다. 여기까지 모든 일을 정확무오하게 지휘하신 하나님은 요셉을 통해 나머지 구속사도 정확하게 전개해 나가실 것입니다. 애굽의 종교 권력자 중 두 번째로 위세가 컸던 온의 제사장의 딸과 결혼한 요셉은 보디발의 집을 번성케 한 것처럼, 애굽의 집도 풍요롭게 경영합니다.

욥기 7장은 하나님을 향한 욥의 간구입니다. 전체를 주도하는 이미지는 '죽음'입니다. 욥은 하나님께서 빨리 자신의 목숨을 거두시기를 바랍니다. '힘든 노동, 저녁 그늘, 여러 달째 고통, 고달픈 밤' 등이 이를 말해 줍니다. 욥이 죽기를 바라는 이유는 쉼을 원하기 때문입니다. 인생의 절정기는 덧없이, 그리고 쏜살같이 지나갔고 이제 남은 것은 고달픈 밤뿐입니다. 욥이 괴로운 것은 하나님께서 그를 따라다니시면서 고통을 주시는 것처럼 느껴지기 때문입니다. "사람이 무엇이기에 주께서 그를 크게 만드사 그에게 마음을 두시고 아침마다 권징하시며 순간마다 단련하시나이까"(17–18절). 욥은 자신이 겪고 있는 고통이 자신의 죄악 때문이 아니라 하나님의 특별한 관심에서 일어났다는 것을 알고 있었습니다. 한마디로, 신자이기 때문에 겪는 고통임을 알았던 것입니다. 신자가 겪는 아픔은 그리스도의 길에 서 있기 때문입니다.

마가복음 11장에서 예수님은 왕으로 환영을 받고 예루살렘에 입성하셨습니다. 그러나 그분은 곧 왕으로 죽임을 당하실 것입니다. 그분은 성전의 세속화를 보고 분노하셨습니다. "기록된바 내 집은 만민이 기도하는 집이라 칭함을 받으리라고 하지 아니하였느냐 너희는 강도의 소굴을 만들었도다"(17절). 바리새인들은 예수님께서 무슨 권위로 이런 일을 하시는지 묻습니다. 그들이 볼 때, 예수님은 공식적인 권위가 없는 교사였기 때문입니다. 이 사건으로 말미암아 예수님은 핍박과 죽음의 위협을 본격적으로 당하시기 시작합니다.

로마서 11장의 주제를 한마디로 정리하자면 다음 구절과 같습니다. "만물이 주에게서 나오고 주로 말미암고 주에게로 돌아감이라 그에게 영광이 세세에 있을지어다. 아멘"(롬 11:36). 이 구절은 로마서 11장뿐만 아니라 성경 전체의 주제이기도 합니다. 하나님은 당신의 기쁘신 뜻대로 세상을 인도하십니다. 하나님께서는 인간의 반응이나 세상의 변화를 좇으시는 분이 아닙니다. 요셉의 고난은 출애굽을 위한 하나님의 안배였습니다. 더 나아가 그리스도를 예표합니다. 욥의 고난도 그리스도의 예표입니다. 가장 의로운 자가 가장 무서운 징계를 당하는 그림은 예수 그리스도를 제외하고는 욥이 유일합니다. 욥의 고난은 사탄이 제안했지만, 이는 하나님께서 계획하신 구속사의 일부일 뿐입니다. 곧 이 모든 것은 그리스도께서 이 땅에 오심으로, 각종 악과 모든 고통을 종식시키고자 하신 하나님의 계획입니다. 이것을 믿고 깨달은 자는 주님을 노래합니다. 자신의 상황에서 벗어나서 세상을 통치하시는 주님께 자신의 마음을 드립니다. 고통 속에서도 자신의 감정을 주님을 찬양하는 것에 사용합니다. "깊도다 하나님의 지혜와 지식의 풍성함이여, 그의 판단은 헤아리지 못할 것이며 그의 길은 찾지 못할 것이로다"(33절). 누가 감히 하나님의 마음을 알 수 있겠습니까? 누가 감히 그분께 충고를 할 수 있겠습니까? 고통과 아픔 속에서도 눈을 들어 주님을 바라보는 자에게 위로와 복이 있습니다.

2월 February 09

창세기42장 • 마가복음12장 • 욥기8장 • 로마서12장

창세기 42장에서 요셉은 그의 형들과 드디어 만나게 됩니다. 이집트를 강타한 기근은 근처 지방까지 영향을 미쳤고, 야곱의 가족들도 직격탄을 맞습니다. 야곱은 아들들을 채근하여 애굽으로 보내는데, 베냐민은 보내지 않습니다. 아마도 요셉 사건을어렴풋이 짐작하고 있는 듯합니다. 요셉은 형들을 보자마자 알아봤지만 형들은 전혀 알아보지 못했습니다. 요셉은 형들에게 간첩이라고 누명을 씌웁니다. 그들이 누명을 벗기 위해서는 베냐민을 데리고 와서 모두가 형제임을 증명해야 했습니다. 이 모든 일들을 겪으면서 요셉의 형들은 과거의 죄를 떠올렸습니다. 형들이 자신에 대해 이야기하는 것을 듣고, 요셉은 슬피 웁니다. 비록 이 모든 사건이 하나님의 섭리임을 알고 있었지만, 그의 마음속에 있었던 슬픔과 한탄과 서러움을 모두 지우지는 못했습니다. 결국 시므온만을 남기고 나머지 형제들은 베냐민을 데리러 집으로 돌아가게 됩니다.

욥기 8장에서는 빌닷이 논쟁에 참여합니다. 욥의 항변을 듣고 있던 빌닷은 다소 거칠게 욥을 밀어붙입니다(2절). 빌닷이 주장하는 핵심은 이것입니다. “하나님이 어찌 정의를 굽게 하시겠으며 전능하신 이가 어찌 공의를 굽게 하시겠는가”(3절). 빌닷이 볼 때, 욥이 당하는 고난은 그의 행위에 따른 징계일 뿐입니다. 만일 그렇지 않다면, 하나님은 공의롭지 못한 분이 되시기 때문입니다. 따라서 욥은 ‘하나님을 찾으며 전능하신 이에게 간구하고 또 청결하고 정직’(5–6절)해야 합니다. 물 없는 곳에서 자라는 갈대가 메말라 죽는 것처럼 악인은 파괴됩니다(11–12절). 그러나 하나님을 의지하는 자는 그 가지가 동산으로 뻗어 갑니다(16절). 빌닷은 부당한 고난이 존재할 수 없다고 믿습니다. 하나님을 열심히 섬기면 복을 받고 하나님께 죄를 지으면 저주를 받는다고 믿습니다. 은혜와 주권적인 섭리로 한 인생을 경영하시는 하나님을 부정하고 있는 것입니다. 빌닷의 견해가 제법 그럴듯하게 보이지만, 결국 세상에서의 성공 여부는 자신의 행위에 달려 있다는 교만한 세계관일 뿐입니다. 그리스도인에게는 행복이 전부가 아닙니다. 기독교 신앙은 '하고 싶은 것을 다 하고, 원하는 것을 다 이루고, 좋아하는 것을 한껏 누리는 것'과 관계가 없습니다. 오히려 그리스도인으로 세상을 살아간다는 것은 부당한 고난 속에서 유일한 위로가 되시는 예수님과 동행하는 것입니다.

마가복음 12장의 비유가 이를 말해 줍니다. 포도원의 주인이 소출 얼마를 얻으려고 종을 보낼 때마다 농부들이 때리고 상처를 내고 능욕을 하고 심지어 죽이기까지 합니다. 포도원 주인은 아들을 보내면서 존대해 줄 것을 기대하지만, 농부들은 오히려 잡아 죽여 포도원 밖으로 내던져 버립니다. 포도원 주인은 하나님이고, 아들은 예수님입니다. 종들은 선지자들이고, 농부는 유대의 종교 권력자들입니다. 옛적부터 하나님의 뜻을 따르던 신자들은 부당한 고난을 받아 왔습니다. 심지어, 우리의 주님이신 예수님도 부당한 고난 속에서 하나님의 뜻을 성취하셨습니다. 그렇다면 제자인 우리는 어떠해야 합니까? 하나님을 이용하여 부를 얻는 것은 신앙이 아닙니다. 예수님을 이용하여 성공과 안정을 사려는 것은 신앙이 아닙니다.

로마서 12장은 신앙이 어떤 것인지를 보여 줍니다. 신앙이란 우리의 몸을 하나님께서 기뻐하시는 거룩한 산 제물로 드리는 것입니다(1절). 하나님의 선하시고 기뻐하시고 온전하신 뜻이 무엇인지 분별하는 것입니다(2절). 소망 중에 즐거워하며 환난 중에 참으며 기도에 항상 힘쓰며 성도들의 쓸 것을 공급하며 손 대접하기를 힘쓰는 것입니다(12-13절). 박해하는 자들을 축복하는 것이고, 즐거워하는 자들과 함께 즐거워하고 우는 자들과 함께 우는 것입니다(14-15절). 요셉이 그러했던 것처럼, 악에게 지지 않고 선으로 악을 이기는 것입니다(21절).

2월 February 10

창세기43장 • 마가복음13장 • 욥기9장 • 로마서13장

창세기 43장은 요셉과 형제들의 두 번째 만남을 다룹니다. 애굽에서 가져온 식량은 금세 떨어져 버렸습니다. 그들이 살길은 애굽에 가서 식량을 사는 것밖에 없었지만, 그러기 위해서는 반드시 베냐민을 데리고 가야 했습니다. 그러나 야곱은 완강히 반대했습니다. 이제 유다가 나서서 자신의 생명을 걸고 야곱을 설득합니다. 유다가 야곱의 형제들 중 장자권을 행사하기 시작하는 장면입니다. 야곱은 유다의 설득에 넘어갔고, 요셉의 형들은 베냐민을 데리고 애굽으로 들어갔습니다. 요셉은 그들을 환대해 주었는데, 이번에는 형제들 모두가 요셉에게 절을 합니다. 드디어 꿈이 성취된 것입니다. 고난을 통과하여 하나님의 뜻이 성취되는 장면을 목격한 요셉과는 달리 욥은 아직도 캄캄한 어둠 속에 있습니다.

욥기 9장은 빌닷의 비난에 대응하는 욥의 답변입니다. 욥은 매우 정직합니다. 하나님의 전능하심이 세상 안에서 항상 공정하게 표출되는 것은 아니라고 말합니다. 그분이 하시는 일은 측량할 수 없으며 기이합니다(10절). 하나님께서 주권자로 통치하시는 세상은 종종 무질서하고 자주 불안정합니다. 이것이 욥이 겪고 있는 삶의 실존입니다. 엘리바스나 빌닷이 말하는 것처럼, 인생은 그렇게 이상적이지 않습니다. “그가 폭풍으로 나를 치시고 까닭 없이 내 상처를 깊게 하시며 나를 숨 쉬지 못하게 하시며 괴로움을 내게 채우시는구나”(17–18절). 이제 욥이 할 수 있는 것은 몇 가지밖에 없습니다. 첫째, 얼굴빛을 고쳐 즐거운 모양을 하는 것입니다(27절). 그러나 이 같은 인간적 처세는 정죄하시는 하나님 앞에서 아무런 효과가 없을 것입니다. 둘째, 계속해서 깨끗케 하는 것입니다(30절). 그러나 하나님 앞에서 이런 인간적 노력은 아무 소용이 없습니다. 셋째, ‘우리 사이에

손을 얹을 판결자'(33절), 곧 중보자가 있으면 됩니다. 전능하신 하나님과 동등한 자, 아무런 흠도 없고 죄도 없는 중보자가 필요합니다. 그분은 예수 그리스도입니다. 예수 그리스도를 중보자로 받아들인 사람은 삶의 부당함 앞에서도 위로를 얻습니다. 예수 그리스도를 구원자로 믿는 사람은 이해할 수 없는 삶의 고통 속에서도 세상이 줄 수 없는 평안을 얻습니다.

마가복음 13장은 종말에 관한 예수님의 말씀입니다. 예수님은 예루살렘 성전의 파괴를 예언하시면서, 동시에 종말의 돌연성을 설명하십니다. 주후 70년, 예수님의 예언은 실현되었습니다. 그러므로 종말의 예언도 실현될 것입니다. 이에 대처하는 신자의 자세는 '믿음'입니다. "끝까지 견디는 자는 구원을 받으리라"(13절). 성경은 그 어느 곳에서도 예수님을 믿으면 고난을 면제해 준다고 말하지 않습니다. 오히려 예수 그리스도를 믿는 순간부터 유혹이 찾아올 것이고 고난이 찾아올 것이기에, 끝까지 견딜 것을 요청합니다. 그날은 언제 올지 알 수 없기 때문에, 우리는 늘 깨어 준비해야 합니다. 힘을 다해 고난에 대처해야 한다는 것입니다. 다시 오실 예수님께서 우리의 위로가 되십니다. 종말을 살아간다는 것은 현실을 도피하거나 뜬구름 잡기 식의 관념적인 삶을 의미하지 않습니다.

로마서 13장은 그것이 매우 구체적인 형태의 삶임을 설명합니다. 우리는 모든 권위에 순종해야 합니다. 우리 눈에 부당해 보이는 질서까지도 하나님께서 이 땅을 다스리시는 수단이기 때문입니다. 바울은 권세자들을 심지어 '하나님의 사역자'(4절)라고 말합니다. 우리는 두려워할 자를 두려워하고 존경할 자를 존경하며 살아야 합니다. 십계명을 지키되, 그것이 사랑의 완성임을 깨달으면서 지켜야 합니다. 처음 믿을 때보다 종말이 더욱 가까워졌기 때문에, 신자는 항상 낮에와 같이 단정하게 살아야 합니다. 그리스도로 옷 입고 정욕을 위하여 육신의 일을 도모하지 말아야 합니다.

2월 February 11

창세기44장 • 마가복음14장 • 욥기10장 • 로마서14장

창세기 44장은 요셉이 형제들을 시험하는 장면입니다. 요셉은 형제들의 짐에는 돈을, 베냐민의 짐에는 은잔을 몰래 넣습니다. 은잔은 점술용이었는데, 함무라비법 전에 따르면 이 잔을 훔치는 행위는 사형죄에 해당했습니다. 요셉은 '형들이 과연 예전처럼 행동할 것인가'를 시험하고자 했습니다. 요셉을 가차 없이 버렸던 것처럼, 베냐민도 가차 없이 버린다면 형들은 과거와 다를 바가 없습니다. 그러나 이번에는 달랐습니다. 베냐민만 끌고 가겠다는 관리의 말에도 불구하고 형들은 자청하여 애굽으로 따라갑니다. 이번에도 유다가 대표하여 요셉에게 자비를 간구합니다. 유다는 자신이 베냐민을 대신하여 희생하겠다고 하는데, 이는 성경에 등장하는 최초의 '대속적 개념'입니다. 유다의 절절한 변호는 요셉의 마음을 움직입니다.

욥기 10장에서 빌닷에게 답변하던 욥이 방향을 바꾸어 하나님을 향합니다. 그는 하나님께 네 가지 질문을 던집니다. 첫째, '어찌하여 하나님께서 나와 변론하시는지'를 묻습니다. 둘째, '하나님은 어찌하여 나의 잘못을 들추어내시는지'를 묻습니다. 셋째, '왜 나를 지으시고 다시 티끌로 돌아가게 하려 하시는지'를 묻습니다. 넷째, '어찌하여 죽도록 내버려 두지 않으시는지'를 묻습니다. 이 네 가지 질문은 당돌해 보이지만, 하나님과 자기 인식을 제대로 한 사람만이 할 수 있는 질문입니다. 욥이 하나님의 뜻을 온전히 파악하고 있지는 못합니다. 그러나 자신이 하나님 앞에서 죄를 짓지 않았다는 사실과, 그럼에도 불구하고 하나님께서 이 모든 고통을 허락하신다는 사실을 깨닫고 있습니다. 욥은 이 고통을 쉽게 해결하려는 종교적 선언, 예컨대 엘리바스나 빌닷이 주장한 기계적 신앙을 포기합니다.

대신에 하나님 앞에 서서 '하나님은 어찌하여'라는 본질적이고 실존적인 질문을 던집니다. 가끔씩 믿음이 좋은 척하는 사람들 중에는 '열심 있는 신앙'을 모든 것에 대한 해답으로 생각하는 사람이 있습니다. 고통과 문제를 재빨리 해결해 버리고자 하는 경우입니다. 하나님 앞에 엎드려서 몸부림치는 과정을 삭제하고 정답만을 챙겨서 삶의 안정을 누리겠다는 심산입니다. 하나님이 배제된 정답 신앙, 그것은 신앙이 아닙니다.

마가복음 14장에서 예수님도 십자가를 앞두고 하나님 앞에 엎드렸습니다. 겟세마네의 예수님은 '정답을 앎'에도 불구하고 몸부림을 치셨습니다. 신앙이란 이와 같습니다. 하나님 앞에 서는 것입니다. 어리석은 질문이라 해도 하나님께 묻고, 믿음 없는 원망이라 해도 하나님께 울부짖는 것입니다. 손쉽고 평탄한 지름길을 찾아서 요리조리 고통을 회피하고 다니는 것이 아니라, '어찌하여' 내 앞에 십자가의 길이 있는지를 하나님께 묻고 또 묻는 것입니다. 이것이 하나님 중심적인 신앙입니다. 하나님 앞에서 자신의 연약함을 몸서리치게 경험한 사람은 지체의 연약함을 받아 줍니다. 이것은 '정답 신앙'만을 써 내려 간 사람이 할 수 없는 일입니다. 그러므로 약한 자를 비난하지 않고 그의 성숙을 위해 돕는 행위는 신앙의 본질에 해당합니다. 교회에서는 강한 자가 약한 자를 비난하면 안 될 것입니다.

로마서 14장은 주로 이와 같은 일을 다룹니다. 우리는 연약한 자를 받아줘야 합니다(1절). 과도하게 비판하는 것은 바람직하지 않습니다. 부딪힐 것이나 거칠 것이 믿음이 연약한 형제 앞에 없도록 항상 주의해야 합니다. 예수님은 연약한 자들을 위해서도 죽임을 당하셨습니다. 믿음이 성숙치 못한 형제 안에도 그리스도의 피와 성령의 내주가 있다는 것을 알 때, 화평의 일과 서로 덕을 세우는 일에 힘쓸 수 있습니다(19절).

2월 February 12

창세기45장 • 마가복음15장 • 욥기11장 • 로마서15장

창세기 45장에서 요셉은 자신이 누구인지를 밝힙니다. 유다의 진실한 호소를 듣던 요셉은 더 이상 견디지 못하고 자신이 요셉이라고 외칩니다. 할 말을 잃은 형제들 앞에서, 이 모든 일들은 야곱의 후손들을 남기시려는 하나님의 구원 사역이라고 알려 줍니다. 극적인 화해와 용서가 이루어진 것입니다. 하나님의 구원 역사는 단지 그들의 생명을 구했을 뿐만 아니라 오랫동안 깨어져 있던 가족의 화해까지 이루어 냅니다. 형제들은 가나안으로 돌아가서 야곱에게 이 사실을 알렸고, 야곱은 이 기적 같은 소식에 매우 기뻐하면서 애굽에 갈 결심을 합니다.

욥기 11장에서 소발이 논쟁에 참여합니다. 소발은 욥을 맹렬하게 비난합니다. 소발이 볼 때, 욥은 무의미한 수다를 즐기는 말쟁이에 불과합니다. "말이 많으니 어찌 대답이 없으랴 말이 많은 사람이 어찌 의롭다 함을 얻겠느냐"(2절). 소발의 문제는 욥을 향한 판단의 잣대를 자신에게는 전혀 적용하지 않는다는 것입니다. 소발은 욥이 교만하고 무지하며 허망하여 지각이 없다고 고발합니다. 하나님은 측량할 수 없는 지혜를 갖고 계신 분이기 때문에 그에게 욥이 하나님에 관해 하는 말은 한낱 수다일 뿐입니다. 그러나 소발 자신은 광대하신 하나님에 관해 충분히 알고 있다고 생각합니다. 그는 욥이 속히 회개하고 돌이키면 하나님께서 그에게 복을 베푸실 것이라고 자신 있게 말합니다. 복과 번영을 얻기 위해 하나님께 매달리는 것은 사탄이 욥의 고난을 통해 가장 얻고자 하는 것임을 알지 못하는 무식한 진단입니다. 소발은 가장 겸손한 척했지만 사실은 가장 교만한 사람이었으며, 가장 지혜로운 척했지만 가장 어리석은 사람이었습니다. 소발이나 요셉의 형들은 자신의 모략으로 세상과 하나님을 이해할 수 있다고 믿었지만, 하나님의 계획은 항상 인생들의 판단과는 달랐습니다. 그리스도의 십자가는 이 같은 하나님 지혜의 절정입니다.

마가복음 15장은 예수님께서 십자가에서 죽으시는 장면입니다. 다윗의 후손으로, 유대인의 왕으로 예루살렘에 화려하게 입성하신 예수님께서 유대인의 왕으로 초라하게 죽임을 당하십니다. 제자들은 흩어졌고, 유대인들은 욕을 하고, 로마 군인들은 조롱하였습니다. 겉으로만 보면, 성장하던 신흥 세력의 완벽한 해체입니다. 한마디로, 예수교가 와해되어 버린 것입니다. 그러나 우리는 이것이 끝이 아님을 압니다. 요셉에게 일어났던 반전처럼, 욥에게 일어났던 반전처럼, 예수님께도 그와 같은 일이 일어날 것입니다. 하나님의 지혜 가운데 이 모든 것이 있습니다. 요셉은 자신이 강한 자가 되었을 때 약자였던 형들을 받아 줬습니다. 반면 욥의 친구들은 욥이 약자가 되었을 때 그를 맹렬히 비난했습니다. 세상은 힘의 강약을 가지고 사람들을 대하지만, 하나님은 약한 자들을 선대하십니다. 약자를 들어 강한 자를 부끄럽게 하십니다. 이것이 십자가의 지혜입니다. 건축자의 버린 돌이 교회의 모퉁잇돌이 되게 하십니다. 그러므로 '믿음이 강한 자는 마땅히 믿음이 약한 자의 약점을 담당하고 자기를 기쁘게 하지 말아야 합니다'(롬 15:1).

로마서 15장에서 바울은 '자기를 기쁘게 하지 말고 이웃을 기쁘게 하라'고 말합니다. 이것이 그리스도를 본받는 것입니다. 그리스도께서도 자기를 기쁘게 하지 아니하셨습니다(3절). 그리스도께서 우리를 받아 하나님께 영광을 돌리신 것처럼 우리도 서로를 받아야 합니다(7절). 특별히 유대인과 이방인의 연합을 강조합니다. 바울은 자신의 사명이 이방인들에게 복음을 전하는 제사장 직분(16절)임을 분명히 합니다. 가장 교만하고 완고했던 유대교 신자 바울이 그리스도로 말미암아 가장 겸손하고 부드러운 기독교 신자가 되어 이방인들에게 복음을 전파하게 된 것입니다. 바울은 십자가의 지혜를 참으로 깨달은 신자였습니다.

창세기46장 • 마가복음16장 • 욥기12장 • 로마서16장

창세기 46장에서 요셉은 야곱과 재회합니다. 잃어버린 아들, 요셉이 애굽에 있다는 소식을 들은 야곱은 서둘러 짐을 챙깁니다. 브엘세바에서 제사를 드리던 중, 애굽으로 가도 좋다는 하나님의 확언을 듣습니다. 하나님의 허락과 축복 속에 야곱의 가족 70명이 애굽을 향합니다. 그리고 23년 만에 요셉과 야곱이 만납니다. 감격적인 재회 후에 요셉은 야곱에게 직업을 '목자'로 밝히라고 합니다. 목축은 애굽 사람들이 가증히 여기는 직업이고, 그렇기에 고센이라는 다소 떨어진 지역에서 살 수 있게 될 것이라고 조언합니다. 당시 애굽 사람들은 목축업과 이방인을 모두 경멸했는데, 이것이 오히려 야곱의 가족들을 안전하게 하였습니다. 덕분에 그들은 애굽의 주요 도시에서 떨어진 채 그들과 섞이지 않고 민족을 형성할 수 있었습니다.

욥기 12장에서 욥은 세 친구들의 비판을 조근조근 반박합니다. 엘리바스, 빌닷, 소발이 주장하는 기계적이고 기복적인 신앙은 현재 욥의 상황을 전혀 설명할 수 없습니다. 그들은 마치 자신들만 백성인 듯, 자신들에게만 지혜가 있는 듯 말했지만, 욥이 볼 때는 엉터리입니다. '선하고 열심 있는 사람들에게 축복이, 악하고 게으른 사람들에게 저주가' 내린다는 단순한 도식은 일견 하나님 중심적인 것 같아 보이지만, 사실은 인간 중심적입니다. 인간에게 길들여진 하나님에 불과합니다. 욥은 하나님이 그런 기계적 존재가 아님을 외칩니다. "그가 헐으신즉 다시 세울 수 없고 사람을 가두신즉 놓아주지 못하느니라"(14절). 그분은 재판장, 왕들, 제사장들, 충성된 사람들, 늙은 자들, 귀인들, 강한 자들을 무너뜨리십니다. 그분은 인간의 지혜를 어둡게 하고 오히려 캄캄한 곳을 향해 비틀거리며 가게 하십니다. 하나님은 결코 공식화될 수 없으며 길들여질 수 없습니다. 한때『긍정의 힘』이라는 책을 통해 소개된 기복 신앙은 광대하신 하나님을 모독하는 것이며, 하나님을 인간 수준으로 길들이는 것에 불과합니다. 요셉과 욥은 많은 부분에서 닮아 있습니다. 이유를 알 수 없는 고난을 겪었다는 점과 후에 다시 영광을 누렸다는 점에서 그렇습니다. 무엇보다도 이 두 인물이 그리스도의 그림자라는 사실이 그렇습니다. 우리가 욥기 같은 책을 읽어야 하는 이유 중 하나는 복음서에서는 구체적으로 묘사되지 않은 예수님의 감정을 알 수 있기 때문입니다. 우리는 그리스도께서 겪으신 고통을 구약의 그림자들을 통해 깨달을 수 있습니다.

마가복음 16장은 그리스도의 부활을 다룹니다. 이 같은 고통이 끝나고 부활의 영광이 찾아옵니다. 그분은 마리아에게 나타나시고, 엠마오의 제자 둘에게 나타나시고, 열한 제자들에게 나타나셨습니다. 그분은 새 하늘과 새 땅의 역사를 설명하신 후에 하늘로 올려지셔서 하나님 우편에 앉아 계십니다. 그냥 앉아 계신 것이 아니라 하나님의 나라와 그리스도의 복음을 전할 때 함께 역사하셔서 말씀을 확실히 증언하십니다(20절).

로마서 16장에서 바울은 많은 이들을 소개하며 그들과 함께 동역하고 있음을 말합니다. 교회 안에 독불장군은 있을 수 없습니다. 모든 신자들이 함께 지어져 가는 것입니다. 더불어 바울의 권면처럼 거짓 교사들을 경계해야 합니다. "너희가 배운 교훈을 거슬러 분쟁을 일으키거나 거치게 하는 자들을 살피고 그들에게서 떠나라"(17절). 연합과 분별은 한 가지입니다. 하나 됨을 위해서 분별을 포기해서는 안 되고, 분별을 위해서 하나 됨을 저버려서도 안 됩니다. 분별함으로 하나 됨을, 하나 됨으로 분별을 유지해 나가는 것이 교회가 복음을 보존하고 전파하는 방법입니다. 이를 위해 찾아오는 고난이 있다면, 의인이 받는 고난임을 알고 마땅히 받을 수 있기를 바랍니다.

2월 February 14

창세기47장 • 누가복음1:1-38 • 욥기13장 • 고린도전서1장

창세기 47장에서 요셉은 바로에게 형들과 아버지를 소개합니다. 먼저 다섯 명의 형제들이 바로 앞에 가서 고센 땅에 살게 해 달라고 부탁합니다. 이어서 야곱이 등장하는데, 이는 애굽 왕 바로에게 아버지가 부탁하지 않게 하려는 요셉의 배려입니다. 또한 이스라엘 왕의 상징적 인물인 야곱이 애굽 왕에게 허리를 굽히지 않는 장면이기도 합니다. 이후에는 점점 피폐해져 가는 애굽의 백성들과 더욱 강성해져 가는 야곱 가족들의 이야기가 나옵니다. 특히, 피폐해져 가는 사람들에 관한 언급 안에는 '가나안 사람들'(4, 13, 15절)이 세 번이나 포함됩니다. 애굽과 가나안은 황폐해져 가고, 이스라엘은 번영합니다. 이는 하나님의 특별한 보호하심이 요셉을 통하여 베풀어지고 있는 것을 애굽, 그리고 가나안과 대비하여 보여 주며, 장차 그리스도 안에서 주어질 은혜의 복을 그림자로 나타내는 것이기도 합니다.

욥기 13장에서는 욥이 계속하여 세 친구들에게 말하고 있습니다. 세 친구는 욥에게 쓸모없는 의원입니다(4절). 세 친구가 제시한 신앙은 고통 속에 있는 욥을 위로하지 못합니다. 그들은 완전하신 하나님을 위해서 거짓말을 합니다(7절). 합리적인 사람들이 하나님을 비난하지 못하도록 세상에 존재하는 악을 외면하고 하나님의 책임을 덜어 내려 합니다. 그러나 욥은 다릅니다. 세상의 무질서조차 하나님의 경영 안에 있음을 믿습니다. 따라서 욥은 하나님과 변론하기를 원합니다. "내가 말씀하게 하옵시고 주는 내게 대답하옵소서"(22절). 또한 욥은 이 모든 것들 위에 죄의 문제가 있음도 깨닫습니다. "내가 젊었을 때에 지은 죄를 내가 받게 하시오며"(26절). 악은 실존합니다. 고통은 실제로 있습니다. 악과 고통의 문제 앞에서 곤혹스러워하실 하나님을 위해 우리가 변명할 필요는 없습니다. 오히려 우리는 정직하게 이 문제를 들고 하나님 앞에 질문해야 합니다. 손쉬운 해결책으로 악과 고통의 문제를 덜어 내려 하지 말고, 그 문제를 직면해야 한다는 것입니다.

누가복음 1장 1-38절은 엘리사벳과 마리아의 수태 고지 이야기입니다. 먼저, 천사 가브리엘은 제사장 사가랴에게 찾아와서 아들을 잉태하게 될 것이라고 말합니다. 사가랴는 자신과 아내의 나이가 너무 많기 때문에 불가능하다고 답합니다. 믿지 아니한 까닭에 그는 아이가 나올 때까지 벙어리가 됩니다. 6개월 후에 천사 가브리엘은 마리아를 찾아옵니다. 그리고 아이가 탄생할 것이라고 말합니다. 마리아가 비록 정혼하였지만 아직 남자를 알지 못하였기에 어떻게 이 일이 일어날 수 있냐고 반문합니다. 가브리엘이 이렇게 말합니다. "대저 하나님의 모든 말씀은 능하지 못하심이 없느니라"(37절). 마리아는 이 말을 믿습니다. 여기서 우리는 사가랴와 마리아를 대조하여 볼 수 있습니다. 둘 모두 불가능한 상황에서 자녀를 얻게 될 것을 들었지만, 사실 마리아가 훨씬 더 불가능한 상황에 있었습니다. 그럼에도 불구하고 마리아는 믿었습니다. 믿음은 그런 것입니다. 우리의 상황이 아니라 하나님의 말씀을 믿는 것입니다. 하나님의 모든 말씀은 능하지 못하심이 없습니다.

고린도전서 1장에는 고린도교회의 여러 문제들에 대하여 권면하는 바울의 이야기가 나옵니다. 고린도교회에는 분쟁이 있었습니다. "너희 가운데 분쟁이 없이 같은 마음과 같은 뜻으로 온전히 합하라"(10절). 바울파, 아볼로파, 게바파, 그리스도파로 나뉘어서 서로의 스승을 자랑했습니다. 이는 그리스도를 나누는 행위입니다. 그리스도를 제외하고 무엇인가를 자랑하는 행위는 사실 어리석은 짓입니다. 지혜를 자랑하고 재물을 자랑하고 능력을 자랑하는 것은 유대인이나 헬라인이 하는 짓입니다. 참된 그리스도인들은 오직 주님만 자랑합니다.

2월 February 15

창세기48장 • 누가복음1:39-80 • 욥기14장 • 고린도전서2장

창세기 48장은 야곱의 축복인데, 이것은 일종의 예언입니다. 먼저 야곱은 요셉의 두 아들을 양자로 맞아들입니다. 그들에게 땅 분배 시 장자권을 주기 위한 조치입니다. 므낫세와 에브라임을 향한 야곱의 축복은 에서와 야곱처럼 순서가 뒤바뀝니다. 이는 장자의 축복이 관습에 따른 것이 아니라 하나님의 일방적인 주권에 달려 있음을 보여 줍니다. 야곱은 요셉의 두 아들의 후손이 크게 번성할 것임을 말하는데, 실제로 출애굽 광야 생활 속에서 두 지파는 그 수가 크게 늘어납니다. 요셉을 위해 축복할 때 야곱은 하나님을 이렇게 고백합니다. "나의 출생으로부터 지금까지 나를 기르신 하나님, 나를 모든 환난에서 건지신 여호와의 사자"(15-16절). 참으로 괄목할 만한 변화요 성장입니다. 야곱은 오로지 자신의 꾀와 능력을 믿고 인생을 경영했다가 수많은 실패를 맛보았습니다. 그런 그가 자기 인생을 돌이켜 보면서 곳곳에 임한 하나님의 따뜻한 돌보심을 깨달은 것입니다. 창세기 48장은 야곱이 드디어 언약에 어울리는 신앙을 가졌음을 보여줍니다.

창세기 48장의 야곱이 고난을 통과한 뒤 하나님을 바라보고 있는 것이라면, **욥기 14장**의 욥은 고난 속에서 하나님을 바라보고 있습니다. 욥은 신앙을 고백하기보다 인생의 허망함에 절망합니다. 인생이 참으로 짧고 제한적이라는 것입니다. 찍힌 나무는 다시 소생하지만 사람은 죽으면 두 번째 인생이 없습니다. 무엇보다 하나님께서는 그 인생을 셈하시면서 보신다는 점입니다. 야곱의 신앙이 고난 속에서 돌보시는 하나님의 긍휼을 깨닫게 된 신앙이라면, 현재 욥의 신앙은 고난 속에서 돌보시는 하나님의 긍휼을 만나지 못해서 방황하는 신앙입니다. 여기서 우리는 신앙이 하나

의 여정임을 발견합니다. 동일하신 하나님이지만 사람들은 지금 자신이 어떤 처지에 있는가에 따라서 다른 신앙을 갖게 됩니다. 지금은 야곱의 신앙이 안정되어 보이고 욥의 신앙이 불안해 보이지만, 결국 이것은 하나님께서 그들의 길을 지도하시는 과정일 뿐입니다. 야곱을 인도하신 것처럼 하나님은 욥도 인도하고 계십니다.

누가복음 1장 39-80절에는 하나님의 인도를 받는 두 여인이 나옵니다. 엘리사벳과 마리아입니다. 야곱은 고난을 통과한 뒤에 신앙을 고백하였고 욥은 고난 속에서 방황했다면, 이 두 여인은 야곱과 욥을 통해 일하신 하나님의 언약의 성취를 보고 찬양하였습니다. 물론 당시 이 두 여인은 사건의 의미를 정확히 이해하지 못했을 것입니다. 하지만 성령의 충만으로 마리아와 엘리사벳은 개인적인 기쁨을 노래한 뒤에 그것이 언약의 성취라는 점을 분명히 밝힙니다. 하나님의 인도는 이와 같습니다. 누군가는 고난 앞에 서 있고, 누군가는 고난 속에 서 있으며, 누군가는 고난을 등지고 있습니다. 중요한 것은 이 모든 것을 하나님께서 인도하신다는 점입니다. 바울은 이것을 하나님의 능력이요 지혜라고 합니다. '은밀한 가운데 감추어져 있는 하나님의 지혜'(고전 2:7)는 사람들이 추측할 수 있는 것이 아닙니다. 어떤 의미에서는 사람들이 좋아하는 것이 아닙니다. 그래서 그들에게는 하나님의 지혜가 어리석게 보이고 답답해 보일 수 있습니다. 왜 굳이 십자가에 달려야 하고, 왜 굳이 고난을 통과해야 하냐는 것입니다.

고린도전서 2장에서 바울은 그것이 당신의 영광을 위해 하나님께서 계획하신 당신의 깊은 지혜라고 말합니다. 성령의 가르침을 받는 사람은 하나님의 지혜를 깨닫습니다. 야곱처럼, 욥처럼, 엘리사벳과 마리아처럼 말입니다.

2월 February 16

창세기49장 • 누가복음2장 • 욥기15장 • 고린도전서3장

창세기 49장은 아들들을 향한 야곱의 축복과 저주가 이어집니다. 이것은 사적인 견해가 아니라 하나님의 말씀입니다. 야곱이 아들들에게 해 준 예언은 역사 속에서 고스란히 성취됩니다. 르우벤은 빌하를 범한 이유로, 시므온과 레위는 잔혹성 때문에 장자에서 탈락이 되고 저주를 받습니다. 주목할 사람은 유다입니다. 영원한 왕권, 주권, 번영 등 유다는 모든 형제들을 통치할 수 있는 권한을 받습니다. 형제들은 그를 찬송할 것이고, 원수들은 그에게 짓밟힐 것입니다. 이 예언은 그리스도의 탄생을 의미합니다. 이어지는 구절에서 야곱은 모든 아들들을 향한 축복을 마칩니다. 그리고 147세의 나이로 세상을 떠납니다. 그는 가나안 땅, 특히 조상의 시신이 있는 막벨라 밭에 있는 굴에 묻히기를 원했습니다. 파란만장했던 그의 인생이 이렇게 끝납니다. 파란만장했던 야곱의 인생은 끝났지만, 파란만장하게 펼쳐지고 있는 욥의 인생은 끝나지 않았습니다. 욥은 여전히 친구들의 추궁에 시달리고 있습니다.

욥기 15장에서 엘리바스는 제법 날카롭게 욥을 몰아칩니다. 여섯 개의 질문을 던져서 욥이 지금 매우 교만하고 어리석다고 정죄합니다. 자기가 욥보다 나이가 많고 지혜롭다고 은근히 뽐내며 욥의 고통을 이용합니다. 이것은 신앙을 빙자한 가장 잔인한 행동입니다. 엘리바스는 이 세상을 아주 간단한 도식으로 이해하는데, 하나님을 잘 믿으면 복을 받고 하나님께 반역하면 저주를 받는다는 것입니다. 따라서 인생이 파탄난 욥은 모르긴 몰라도 분명히 하나님께 큰 죄를 지었을 것이라는 암시입니다. 여기서 우리는 소위 말하는 기복 신앙의 전형을 만납니다. 기복 신앙은 하나님을 기계처럼 이해합니다. '내가 하는 행위에 따라' 복을 주시기도 하고 저주를 내리시기도 하는 분처럼 생각합니다. 그러나 야곱의 축복에서 볼 수 있듯이, 하나님은 당신의 의지로 복과 저주를 주십니다. 사람의 행위에 의존하시지 않습니다. 유다를 보십시오. 유다가 복 받을 만한 행동을 했습니까? 그럼에도 불구하고 하나님은 유다에게 가장 큰 복을 주십니다. 하나님은 우리가 만든 도식을 따라 움직이시지 않고 당신이 세운 계획을 따라 움직이십니다.

누가복음 2장에 나오는 그리스도의 탄생은 하나님 계획의 절정을 보여줍니다. 그리스도의 탄생은 그 누구에 의해서도 조종당하지 않았고, 오직 하나님의 시간표에 맞추어 진행되었습니다. 시므온과 안나는 평생 동안 그것을 기다려 왔는데, 하나님께서 그들에게 복을 주셔서 아기 예수님을 만나게 하십니다. 구약에 등장하는 모든 축복의 내용들은 사실상 바로 이 순간을 가리키고 있습니다. 구약에 나오는 물질적인 복과 자녀의 복도 모두 그리스도의 탄생을 가리킵니다. 그리스도야말로 전 인류의 가장 풍성한 복이 되시기 때문입니다. 그러므로 우리는 우리가 가진 것들로 자랑해서는 안 됩니다. 우리가 받은 진짜 복은 그리스도이기 때문입니다.

고린도전서 3장에서 바울은 그리스도의 것인 우리가 어찌 자랑할 수 있겠느냐고 되묻습니다. 마치 다른 복이 더 있는 것처럼, 지혜를 자랑하고 돈을 자랑하고 사람을 자랑해서는 안 됩니다. 우리가 그리스도 외에 다른 것들을 자랑한다면, 그것은 우리가 그리스도를 가장 풍성한 복으로 여기지 않는다는 뜻입니다. 우리는 그리스도의 터 위에 세워진 하나님의 밭이요, 집일 뿐입니다. 그리스도가 유일한 복이요, 공로입니다.

2월 February 17

창세기50장 • 누가복음3장 • 욥기16-17장 • 고린도전서4장

창세기 50장은 야곱의 장례식과 요셉의 죽음을 다룹니다. 야곱이 죽자 전 애굽이 함께 슬퍼합니다. 왕이 죽었을 때처럼 무려 70일 동안 애도합니다. 요셉은 바로의 허락을 받고 가나안 땅에 야곱의 시신을 매장합니다. 이때 요셉의 나이는 57세 정도였습니다. 그 후 그가 죽기까지 약 53년 동안은 특별한 이야기가 없습니다. 다만, 야곱이 죽자 요셉의 형들은 불안해졌고 다시 한 번 요셉에게 사과를 하는 장면이 나옵니다. 요셉은 "당신들은 나를 해하려 하였으나 하나님은 그것을 선으로 바꾸사 오늘과 같이 많은 백성의 생명을 구원하게 하시려 하셨나니"(20절)라고 고백하는데, 이는 형제 유대인들의 고발로 죽임을 당한 그리스도께서 오히려 수많은 사람들을 구원하신 것과 같은 내용입니다. 요셉은 110세에 죽는데, 그는 자신의 유골을 가나안 땅에 묻어 달라고 부탁합니다. 이 유언은 후에 모세와 여호수아에 의해 성취됩니다. 히브리어 성경에서 창세기의 마지막 단어는 '애굽'입니다. 이처럼 창세기는 출애굽을 준비하면서 끝납니다.

욥기 15장에서 엘리바스는 은혜에 반대합니다. 죄인은 무서운 형벌을 받아 마땅하다는 것이 그의 주장입니다. **욥기 16장**과 **욥기 17장**은 엘리바스를 향한 욥의 두 번째 답변입니다. 욥이 원하는 것은 공허한 분석이 아니라 위로입니다. 엘리바스가 자신 있게 강변하는 권선징악의 종교 체계는 욥에게 아무런 위로도 주지 못합니다. 욥은 다시 한 번 자신이 무죄하게 징계를 당한다고 말합니다. 그가 말하는 무죄는 '완전무결한 도덕성'이 아니라 하나님께 용서받았다고 믿는 것입니다. "그러나 내 손에는 포학이 없고 나의 기도는 정결하니라"(16:17). 친구들은 욥이 범죄하였다고 끝없이 비난하였지만, 욥은 자신의 무죄를 증명할 증인과 중보자가 있다고 믿습니다(16:19). 믿음의 눈이 열린 것입니다. 그러나 현실은 여전합니다. 욥은 계속하여 절망을 호소합니다(17:10-16). 창세기 50장에서 요셉의 고백은 정확히 그리스도의 예표가 됩니다. '욥기 16-17장'의 욥도 무죄함 속에서 겪는 극심한 고난을 표현하며 그리스도를 예표합니다.

누가복음 3장에는 이 예수 그리스도의 족보가 등장합니다. 마태복음 1장이 '유대인의 왕' 예수를 강조하기 위해 아브라함과 다윗을 중심으로 족보를 나열했다면, 누가복음 3장은 '이방인의 소망' 예수를 드러내기 위해 인류의 보편적 조상 아담에 이르기까지 추적하여 보여 줍니다. 마태의 족보나 누가의 족보는 특정한 의도를 나타내기 위해 선별된 인물을 기록하였습니다. 이 족보를 근거로 연대를 계산하는 것은 어리석은 짓입니다. 예수님은 범죄한 인류의 소망으로 이 땅에 오셨고, 구약 성경은 그 예수님을 점진적으로 계시하고 있습니다. 구약에서도 그리스도가 충분히 드러나며, 따라서 구약의 성도들도 그리스도를 믿는 믿음 안에서 구원을 얻었습니다. 이와 같이 성경은 철저히 그리스도 중심적입니다. 우리는 기록된 말씀 밖으로 나가지 않도록 주의해야 합니다(고전 4:6).

고린도전서 4장에서 바울은 고린도 교인들의 평가에 연연하지 않는다고 말합니다. 고린도교회에는 욥의 친구들처럼 바울을 비난하는 사람들이 있었습니다. 그들은 바울이 헐벗고 매 맞으며 정처도 없고 모욕과 박해를 받는 것을 보니 하나님께 버림받은 것이 틀림없다고 주장했습니다(11-13절). 바울이 볼 때, 고린도 교인들은 "이미 배부르며 이미 풍성하며 우리 없이도 왕이 되었"(8절)습니다. 그들은 십자가의 지혜보다 세상의 지혜를 사랑하면서 더 부요하고, 더 강성하고, 더 안전한 복음을 따라갔습니다. 그러나 이것은 거짓 복음이며, 이를 가르치는 자들은 거짓 교사입니다. 예수님을 제대로 알아야 합니다. 십자가의 복음을 제대로 알아야 합니다. 신구약 성경은 일관되게 고난 받는 구원자, 예수 그리스도를 말합니다.

2월 February 18

출애굽기1장 • 누가복음4장 • 욥기18장 • 고린도전서5장

출애굽기 1장은 야곱의 아들들을 언급하면서 시작합니다. 이것은 출애굽기가 창세기와 연결된 책임을 보여 줍니다. 하나님의 특별한 돌보심 속에서 야곱의 후손들은 거대한 민족이 됩니다. 애굽은 가족이 민족이 된다고 예언하셨던 하나님 말씀이 성취되는 산실이 되었습니다. 그러나 이스라엘의 번성은 애굽에게 달가운 일이 아니었습니다. 새로운 왕조가 일어났고, 바로 왕은 요셉을 알지 못했습니다. 그는 이스라엘을 경계하면서 핍박하기 시작했는데, 처음에는 단순한 억압이었던 것이 점차 교활하고 악랄해져 갔습니다. 바로 왕은 히브리 남자 아기를 나일강에 던져 넣으라고 명령하였는데, 이집트의 생명줄이 이스라엘에게는 죽음의 공간이 되어 버린 것입니다. 강력한 핍박과 고난이 임하였지만, 사실 이것은 위장된 축복이며 언약의 성취를 위한 준비입니다. 고난이 출애굽의 정당성과 동기 부여가 되었기 때문입니다.

욥기 18장에서 빌닷은 욥이 지옥으로 가고 있다고 단언합니다. 빌닷이 볼 때 욥은 악인입니다. 빌닷은 하나님께서 무질서를 조장하신다는 욥의 주장 때문에 경악을 금치 못합니다. "너 때문에 땅이 버림을 받겠느냐 바위가 그 자리에서 옮겨지겠느냐"(4절). 하나님은 모든 것을 제자리에 두시는 질서정연한 분이십니다. 의인은 의인의 자리에, 악인은 악인의 자리에 두십니다. 이후 빌닷은 장황하게 악인이 어떠한 자리에 있는지를 묘사하면서 은근히 욥이 악인임을 강조합니다. 빌닷이 묘사한 악인이 당하는 고통을 욥이 당하고 있기 때문입니다. 빌닷은 부당한 고난이란 있을 수 없다고 믿고 있습니다. 그러나 성경은 신자가 당하는 부당한 고난을 끊임없이 말합니다. 출애굽기 1장에서 만나는 이스라엘도 마찬가지입니다. 야곱의 가족들은 하나님의 섭리에 따라 애굽에 들어와서 번성하였는데, 특별한 잘못도 없이 지독한 고난을 당합니다. 세상은 기계처럼 돌아가지 않습니다. 인격적이신 하나님은 당신의 주권대로 세상을 인도하십니다. 믿음의 사람은 '축복 공식, 고난 공식' 같은 허망한 세계관에 마음을 빼앗기지 않습니다.

누가복음 4장은 의인도 시험받을 수 있음을 확증합니다. 가장 완전한 의인이신 예수님도 마귀에게 시험을 받으셨습니다. 시험을 당한 사실을 가지고 정죄하는 것은 어리석습니다. 예수님께서 시험을 당하셨다면 누구든지 시험당할 수 있습니다. 시험에 빠지는 것이 위험한 일이지, 시험 당했다는 사실이 잘못된 것은 아닙니다. 그런 의미에서 '시험당하는 욥'은 무죄합니다. 예수님은 당신이 성장한 나사렛에서 말씀을 전하십니다. 사람들은 가르침에 놀라면서도 믿지 않았습니다(22절). 오히려 예수님을 죽이려고 했습니다. 역설적이게도 고향 사람들이 못 알아본 예수님을 귀신들은 알아봅니다(34절). 그렇게 예수님은 갈릴리 지역을 소란스럽게 만들며 고치시고 가르치셨습니다.

세상은 권선징악의 체계가 아니며 오히려 신자가 부당한 고난을 감수해야 한다고 해서 선을 행하지 않거나 악을 제거하지 않는 것은 올바른 신앙이 아닙니다. **고린도전서 5장**에서 바울은 근친상간의 죄를 제거하지 않은 교회를 비판합니다. 교회는 악을 제거해야 합니다. 권징은 교회의 거룩함과 범죄한 자의 회개를 불러옵니다(5-8절). 우상 숭배자나 음행하는 자들과 사귀어서도 안 됩니다. 세상 사람들과 도무지 사귀지 말라는 뜻은 아닙니다(10절). 적어도 교회 안에서 이와 같은 행위를 하는 사람은 단절시키는 것이 맞습니다. "이 악한 사람은 너희 중에서 내쫓으라"(13절).

2월 19 February

출애굽기2장 • 누가복음5장 • 욥기19장 • 고린도전서6장

출애굽기 2장은 모세를 중심으로 전개됩니다. 모세는 갈대 상자에 담겨서 나일강에 버려집니다. 수많은 아이들이 나일강을 떠다녔을 것인데, 유독 애굽의 공주는 모세에게만 반응합니다. 하나님의 섭리입니다. 이스라엘을 멸절하고자 했던 바로 왕의 계획이 자신의 딸에 의해 좌절됩니다. 그녀는 이스라엘의 구원자를 애굽의 왕궁에서 키웁니다. 자신의 친모를 유모로 둔 모세는 이스라엘의 정체성을 갖고 자랍니다. 그러던 중 동족을 때리던 애굽 사람을 죽입니다. 이후 동족끼리의 싸움을 말리다가 그의 살인이 들통났다는 사실을 알고 미디안 광야로 도망칩니다. 그곳에서 십보라를 만나 가정을 이룹니다. 그 사이 새로운 왕이 등극하였지만 이스라엘의 고통은 더욱 커져 갔습니다. 그들은 하나님께 울부짖었고 하나님께서는 그들을 기억하셨습니다. 준비는 끝났습니다. 이제 하나님께서 구원을 위해 일하실 시간입니다.

욥기 19장의 핵심은 25-27절입니다. 빌닷과 논쟁하고 있는 욥의 논지는 지금까지와 큰 차이가 없습니다. 욥은 무죄하게 부당한 고난을 당하고 있으며 친구들은 말로 욥을 죽이고 있습니다(1절). 욥이 볼 때, 하나님은 욥을 대적하시고 있는 듯합니다. 그 사실이 욥을 가장 괴롭히고 있습니다. 그러던 중 놀라운 고백하는데, 25-27절이 그것입니다. 세 가지를 말합니다. '나의 대속자가 살아 있다. 그가 살아서 이 땅 위에 설 것이다. 내가 육체 밖에서 그를 볼 것이다.' 이 놀라운 고백은 예수 그리스도를 가리킵니다. 하나님께서 욥을 대적하시고 있다면, 그와 동등한 존재가 욥을 변호해 주어야 합니다. 욥은 믿음의 눈으로 '그리스도'를 바라보고 있습니다. 히브리서 기자의 말처럼 '멀리서 보고 환영한 것'(히 11:13)입니다. 부당한 고난이 우리를 부당한 은혜로 인도합니다.

누가복음 5장은 이 땅 위에 서신 대속자의 이야기입니다. 그분은 고난 속에 있는 자들의 진정한 위로가 되십니다. 먼저, 나병환자를 고치십니다. 유대인들은 나병이 영적인 죄에서 발생했다고 믿었습니다. 온몸에 발생한 피부병은 죄의 증거였습니다. 당시의 나병환자들은 질병의 고통뿐만 아니라 사회적 소외라는 관계적 고통까지 겪었습니다. 또한 중풍병자를 고치십니다. 온몸이 마비된 중풍병자 역시 손가락질을 당하던 환자였습니다. 예수님은 그를 고치실 뿐만 아니라 죄 사함의 권세까지 드러내셨습니다. 근본적인 질병까지 치유하신 것입니다. 마지막으로 세리였던 레위를 제자로 부르십니다. 세리는 로마 정부의 대표였습니다. 그들은 같은 동포를 착취하였기 때문에 멸시와 천대의 대상이었습니다. 예수님은 이와 같은 사회적 질타의 대상, 고통과 질병 속에서 허우적거리는 이들의 대속자이십니다. 그분이 우리의 유일한 위로입니다. 예수 그리스도를 믿는 자는 자기 몸에 대해서도 책임 있는 존재가 됩니다.

고린도전서 6장에서 바울은 성적인 죄를 가볍게 여기는 자들에게 경고합니다. 그들은 배가 고프면 밥을 먹는 것처럼 성적인 욕망에 따라 창녀와 합하는 것은 죄가 아니라고 주장합니다. 그러나 우리의 몸은 성령의 전입니다. 몸과 영은 따로 존재하는 것이 아니라 하나이며, 우리는 우리 자신의 것이 아닙니다(19절). 몸을 잘 관리하는 것도 하나님께 영광입니다. "그런즉 너희 몸으로 하나님께 영광을 돌리라"(20절). 정욕에 자기 몸을 내주거나 마구잡이로 몸을 굴리는 것은 올바른 행동이 아닙니다. 욕망은 가치중립적이지 않습니다. '인간의 욕망은 죄로 오염되었으며 죄는 죄 자체의 악한 목적을 위해 사람을 지배하는 데 이 욕망을 사용한다'(크로스웨이 ESV 스터디 바이블 편찬팀, 『ESV 스터디 바이블』, (서울: 부흥과개혁사, 2014)2244쪽).

2월 February 20

출애굽기3장 • 누가복음6장 • 욥기20장 • 고린도전서7장

출애굽기 3장은 하나님께서 모세를 부르시는 장면입니다. 3장과 4장에 걸쳐 무려 다섯 번의 논쟁을 통해서 모세를 설득하시는 하나님의 모습이 나오는데, 그만큼 모세는 완강하게 거부합니다. 타지 않는 떨기나무로 나타나신 것은 하나님께서 스스로 존재하신다는 것을 보여 줍니다. 하나님은 당신의 구원 사역을 위해 사람을 준비하십니다. 그가 바로 모세입니다. 그러나 80세의 노인이 된 모세는 자신감이 땅에 떨어져 있었고, 하나님은 그를 차분히 설득해 가십니다. 3장에서 모세는 두 가지 반응을 보이는데, 첫째는 '내가 누구이기에', 둘째는 '내가 무엇이라고 말하리이까'입니다. 자신은 능력과 지식이 부족하기 때문에 이 일에 합당하지 않다는 것입니다. 이에 하나님께서는 증표를 주시고 이름을 알려 주셔서 모세를 설득하십니다. 무엇보다도 하나님께서는 '함께하겠다'는 임마누엘을 약속하십니다. 참된 자신감은 자기의 내면에서 나오는 것이 아니라 임마누엘의 약속을 믿는 것에서 나옵니다.

욥기 20장에서 욥의 반론을 들은 소발은 같은 논리를 가지고 욥을 공격합니다. 소발은 욥을 아주 잔인하게 대합니다. 그 이유는 욥의 반론이 그를 모욕했기 때문입니다. 이제 소발은 욥의 고통에 동참하기보다는 욥의 의지를 꺾어서 자기 의견에 굴복시키는 것에 열중합니다. 소발의 주장은 간단합니다. '끝까지 잘되는 악인은 없고 하나님은 악인을 반드시 징계하시는데, 네가 바로 그 악인'이라는 것입니다. 모세를 설득하고 계신 하나님과 욥을 꺾으려고 하는 소발이 얼마나 다릅니까? 하나님은 모세의 마음을 설득하시기 위해 이런저런 말을 다 받아 주십니다. 소발은 욥을 자기

발밑에 두기 위해 기어이 그를 무너뜨리려고 합니다. 고통을 이해하지 못하는 사람은 차라리 아무것도 하지 않는 것이 좋습니다. 참 감사한 것은 우리 주님 예수 그리스도는 우리의 약함을 체휼하신다는 점입니다.

누가복음 6장의 예수님은 우리의 질병에 공감하시고 우리의 연약함을 불쌍히 여기시며 우리의 죄악을 안쓰럽게 생각하시는 분입니다. 안식일에 손 마른 자를 고치시고, 귀신 들린 자들을 낫게 하시며, 애통하는 자들을 위로하십니다. 반면에 바리새인들은 전혀 공감할 줄 모르는 사람들이었습니다. 그들은 사람들을 이용해서 자기의 의를 세우고자 하는 부류였습니다. 사람들의 약함과 고통을 짐작하지도 못했다는 것입니다. 마치 소발처럼 말입니다.

고린도전서 7장은 결혼에 대한 바울의 목회 상담입니다. 고린도교회 안에는 당시 철학적 종교의 영향을 받아서 결혼 후에도 부부 관계를 하지 않는 것이 좋다는 사람들이 있었습니다. 누군가 이것을 바울에게 물었고, 바울이 이 서신을 통해 그것에 대해 답변합니다. 바울은 부부관계가 합법적인 것이라 말하며, 오히려 기도하는 것 외에는 분방하지 말 것을 권면합니다. 이후 결혼의 진짜 의미를 다루면서 주를 섬기는 것이 최종적인 목적이라는 점을 분명히 합니다. 우리는 여기서 바울의 목회적 세심함을 발견합니다. 바울은 성도들의 마음에 공감하는 목회자입니다. 성도들이 어떤 부분에서 힘들어 하고, 어떤 부분에서 괴로워하는지를 알고, 그것을 성실하게 돌보고자 노력합니다. 정답만 던져 주는 것은 올바른 신앙이 아닙니다. 서로에게 공감하고 서로를 이해하는 것에서부터 출발해야 합니다. 이해하고 공감하고 설득하여서 그의 마음이 그리스도께로 기울어지게 하는 것, 그것이 다른 성도를 대하는 참된 성도의 모습입니다.

2월 21 February

출애굽기4장 • 누가복음7장 • 욥기21장 • 고린도전서8장

출애굽기 4장에는 3장에서 시작된 다섯 번의 논쟁이 이어지고 결국 애굽으로 떠나는 모세의 모습이 나옵니다. 모세는 '이스라엘에게 거부당할 것에 대한 두려움, 말주변의 부족함, 그냥 가기 싫음'을 이유로 하나님의 부르심을 거부합니다. 그때마다 하나님은 세 가지 이적을 증표로, 아론을 보내심으로, 분노하여 꾸짖으심으로 모세를 설득하십니다. 결국 하나님의 뜻을 따라 모세는 가족을 데리고 애굽을 향해 떠납니다. 할례 언약을 무시함으로 큰 위기를 맞았지만 십보라의 긴급 대처로 모세 가족이 살아납니다. 아론과 함께 장로들에게 이 모든 이야기를 들려주고 그들의 신뢰를 얻어 냅니다. 하나님은 모세와 이스라엘 백성들에게 이 구원 사역이 쉽게 성취되거나 빠르게 진행되지 않을 것임을 알려 주십니다. 바로의 저항이 극심하게 일어날 것을 미리 알려 주시지만 그들은 약간의 고통 앞에서 하나님을 원망합니다. 이제부터 일어날 모든 일들은 애굽과 바로에게만 아니라 이스라엘과 모세에게도 하나님이 어떤 분이신지를 알리는 일이 될 것입니다.

욥기 21장에서 욥은 소발의 주장을 반박합니다. "그런데도 너희는 나를 헛되이 위로하려느냐 너희 대답은 거짓일 뿐이니라"(34절). 세상은 소발이 말하는 것처럼 그렇게 단순하지 않습니다. 악인의 패망은 결정되어 있지만, 적어도 눈으로 볼 때는 그렇지 않습니다. 악인들은 여전히 번성하고 세력이 강하며 장수합니다. 심지어 그들의 후손까지도 번영을 누립니다. 그들은 일부러 하나님을 떠나가지만(14절), 편안하게 죽습니다. 욥의 세 친구들이 제법 진리에 가까운 주장을 하면서도 결정적으로 틀린 말을 하는 이유는 현실적인 인생을 깊이 파악하지 못했기 때문입니다. "너희가 길 가는 사람들에게 묻지 아니하였느냐 그들의 증거를 알지 못하느냐"(29절). 길을 막고 사람들에게 물어보면 선인이 번성하고 악인이 패망하는 세상은 없음을 금방 알 수 있습니다. 엘리바스, 빌닷, 소발은 단지 신학적인 이론가에 불과합니다. 그들은 하나님도 모르고 인생도 모르는 자기 체계에 갇힌 고집쟁이였습니다. 욥의 세 친구들은 바리새인과 비슷합니다. 그들은 자기들의 종교 체계로 하나님을 이해합니다. 그러나 하나님은 길들여지지 않는 분이십니다. 모세조차도 그분의 뜻에 어긋났을 때 죽음의 위기를 겪었던 것처럼 하나님은 결코 길들여지지 않는 분이십니다. 그러므로 우리가 그분의 손에 길들여져야 합니다.

누가복음 7장에서 예수님은 한 바리새인의 집에서 식사를 하십니다. 그 때 죄를 지은 여인 하나가 향유를 예수님의 발에 붓습니다. 바리새인이 이렇게 생각합니다. "이 사람이 만일 선지자라면 자기를 만지는 이 여자가 누구며 어떠한 자 곧 죄인인 줄을 알았으리라"(39절). 바리새인의 종교 체계에 대항하여 예수님은 은혜를 전파하십니다. 큰 빚을 진 사람이 탕감받았을 때 더욱 감사한다는 비유를 가지고 하나님의 은혜는 죄의 크기에 상관 없다는 것을 알리십니다. 체계나 신념이 모두 나쁜 것은 아닙니다. 그러나 은혜 속에 들어가 있지 않은 체계는 사람을 살리지 못하고 죽입니다. 그런 체계는 세상의 위로가 될 수 없습니다.

고린도전서 8장에서 바울은 이와 같은 은혜의 원리를 잘 설명합니다. '우상의 제물에 대하여는 우리가 다 지식이 있는 줄을 아나 지식은 교만하게 하며 사랑은 덕을 세우나니 만일 누구든지 무엇을 아는 줄로 생각하면 아직도 마땅히 알 것을 알지 못하는 것이요'(1-2절). 지식은 참 중요하지만 사랑을 만나지 못하면 아무것도 아닙니다. 자신의 지식 자랑이 믿음이 약한 자에게 걸림돌이 되고 있는 것은 아닌지 꼭 살펴보시기 바랍니다.

2월 February **22** 출애굽기5장 • 누가복음8장 • 욥기22장 • 고린도전서9장

출애굽기 5장에는 모세와 바로의 첫 번째 대면이 나옵니다. 모세와 아론은 하나님께서 지시하신 대로 바로를 찾아가서 이스라엘을 내보낼 줄 것을 요청합니다. 바로는 '나는 여호와를 알지도 못한다'며 비웃습니다. 이스라엘의 신을 모른다는 의미가 아니라 그 신이 무슨 능력이 있겠냐는 식의 무시입니다. 바로는 이스라엘이 꾀를 낸다고 생각하고 매우 무리한 작업을 시킵니다. 과중한 작업에 고통을 당한 이스라엘은 그 원인이 모세라는 것을 알고는 그를 비난합니다. 모세는 하나님 앞에 나가서 "어찌하여 이 백성이 학대를 당하게 하셨나이까"(22절)라고 묻는데, 하나님께서는 '이제부터 네가 보리라'(6:1)라고 답변하십니다. 5장은 앞으로 진행될 처절한 재앙의 서론입니다. 재앙과 기적은 애굽과 이스라엘 모두에게 하나님만이 하나님심을 깨닫게 할 것입니다. 여호와를 비웃던 바로는 더 이상 웃을 수 없게 될 것입니다.

욥기 22장에는 엘리바스의 마지막 반론이 나옵니다. 엘리바스는 이제 노골적으로 욥을 비난합니다. 그는 욥이 헐벗은 자의 의복을 벗기고, 권세를 이용해서 착취했으며, 과부와 고아를 돌보지 않았다고 주장합니다. 전혀 사실이 아닌데, 마치 사실인 것처럼 거짓 증언을 한 것입니다. 엘리바스는 욥을 마치 바로와 같은 인물로 보고 있습니다. 바로와 같이 나그네였던 이스라엘을 착취한 권세자라고 이미 규정해 버렸습니다. 그리고 속히 하나님께 나아가서 용서를 구할 것을 명령합니다. 그러나 욥은 바로가 아닙니다. 오히려 거짓 증언으로 욥을 몰아치는 엘리바스가 바로와 비슷합니다. 바로는 물리적인 착취를 했지만, 엘리바스는 정서적인 착취를 했기

때문입니다. 예수님은 바로와 같지도 않으시고 엘리바스와 같지도 않으십니다. 예수님은 우리를 착취하시지 않고 도리어 풍요롭게 해 주십니다.

누가복음 8장에 나오는 예수님이 바로 그렇습니다. 그분은 풍랑 속에서 위태롭게 버티는 제자들을 찾아오셔서 그들을 평안케 하셨습니다. 거라사의 귀신 들린 자를 고치셔서 그의 바닥 인생을 새롭게 고치셨습니다. 12년 동안 혈루증을 앓던 여인도 예수님을 만나서 인생이 활짝 꽃피었습니다. 심지어 사망에 삼켜졌던 회당장의 딸까지 예수님은 생명의 풍요로 초대하셨습니다. 예수님은 빼앗고 착취하시는 분이 아니라 베풀고 풍요롭게 하시는 분입니다. 그러므로 우리는 예수님의 말씀에 귀를 기울여야 합니다. 말씀이 좋은 땅에 떨어질 수 있도록 우리 마음을 갈아엎어야 한다는 것입니다. 그리스도 안에 있는 우리도 그러해야 합니다. 남들의 것을 빼앗는 일에 집중해서는 안 됩니다. 나의 권리를 사용하기 위해 남을 착취해서는 안 됩니다.

고린도전서 9장에서 바울은 권리의 문제를 다룹니다. 바울에게도 여러 가지 자유가 있었습니다. 하지만 그는 자신이 자유를 누리느라 누군가가 권리를 희생하지 않도록 차라리 자기의 자유를 제한하겠다고 합니다. 아내를 데리고 다닐 자유, 생활비를 받을 권리 등입니다. 혹시라도 그리스도의 영광을 가로챌 일이 있을까 염려했던 것입니다. 그리하여 스스로 종이 되어서 더 많은 사람을 얻고자 자기의 권리를 포기합니다. 그리스도인은 이와 같이 살아야 합니다. 권리가 있다고 다 쓰는 것이 아니라 절제합니다. 자유가 있다고 마음껏 누리는 것이 아니라 절제합니다. 우리는 우리의 몸을 쳐서 복종하게끔 힘써 훈련해야 합니다.

2월 February 23

출애굽기6장 • 누가복음9장 • 욥기23장 • 고린도전서10장

출애굽기 6장은 하나님이 어떤 분이신지를 다시 한 번 알리고 모세의 소명을 굳게 하는 장면입니다. 여기서 강조되는 말씀은 '나는 여호와라 너희는 이것을 알지라'입니다. 여호와라는 이름은 보통 하나님과 백성들 간에 맺을 언약 관계를 드러낼 때 사용됩니다. 하나님을 여호와로 안다는 것은 '너희를 내 백성으로 삼고 나는 너희의 하나님이 될 것'(7절)을 말합니다. 하나님은 장기판에 말을 놓듯이 세상을 다스리시는 분이 아닙니다. 하나님은 우리와 인격적이고 개인적인 관계를 맺으며, 그 방식은 '언약'입니다. 그럼에도 불구하고 모세는 다시 한 번 자신이 이 일을 감당할 수 없다고 김빠지는 소리를 합니다. 이에 하나님께서는 그의 계보를 언급하시며 그가 택함을 받은 이유가 혈통이나 능력 때문이 아니라 오직 하나님의 선택 때문임을 확인해 주십니다.

욥기 23장에는 유명한 구절이 등장합니다. "내가 가는 길을 그가 아시나니 그가 나를 단련하신 후에는 내가 순금같이 되어 나오리라"(10절). 고난을 겪는 모든 이들을 위한 위로의 말씀입니다. 22장에서 엘리바스가 욥을 정죄한 후에 욥은 다시 한 번 자신을 변호합니다. 욥의 탄식은 '하나님을 발견할 수 없다'는 것입니다(3절). 동서남북을 둘러봐도 하나님을 찾을 수 없습니다. 그럼에도 불구하고 욥은 자신이 그분의 길을 걷는다는 확신을 품고 있습니다. "내 발이 그의 걸음을 바로 따랐으며 내가 그의 길을 지켜 치우치지 아니하였고"(11절). 이것은 아주 중요한 관점입니다. 우리는 때때로 현실의 벽에 갇혀서 하나님을 보지 못할 때가 있습니다. 어둠의 고통이 너무 커서 한 치 앞을 못 볼 때도 있습니다. 그러나 그런 와중에도 신자는 믿음의 길을 걸어야 합니다. 그분의 길을 따라서 그분의 말씀대로 살아야 합니다. 보이지 않는다고 자포자기하거나 제멋대로 사는 것은 신앙생활이 아닙니다. 하나님을 사랑하는 사람은 그분이 가려져 있을 때에도 그분의 말씀을 사랑합니다.

누가복음 9장에서 예수님은 점점 당신이 누구인지를 밝히 드러내십니다. 그분은 제자들을 파송하여 천국 복음을 전하게 하십니다. 오병이어를 통해 오천 명을 먹이시기도 하고, 변화산에서 영광스러운 모습으로 변형되시기도 하고, 귀신 들린 아이를 낫게 하시기도 합니다. 그러면서 제자들에게 당신이 누구인지를 말씀하시는데, 베드로의 고백이 정확합니다. "하나님의 그리스도시니이다"(20절). 이제 예수님은 제자도가 무엇인지 알려주십니다. 제자는 자기를 부인하고 날마다 제 십자가를 지고 주님을 따르는 사람입니다. 제자는 '서로 크다' 싸우지 않고 어린아이처럼 작은 자를 영접하는 사람입니다. 제자는 뒤를 돌아보지 않고 주님을 따르는 사람입니다. 예수님이 누구신지 정확하게 아는 사람은 제자의 길을 걷습니다. 비록 예수님을 볼 수 없다 해도, 그분이 가르치신 길을 걸어갑니다.

고린도전서 10장은 조금 더 구체적으로 제자의 길을 보여 줍니다. 핵심은 이것입니다. "그런즉 너희가 먹든지 마시든지 무엇을 하든지 다 하나님의 영광을 위하여 하라"(31절). 제자는 우상 숭배를 피해야 합니다. 각종 미신적인 행위에 참여해서는 안 됩니다. 하나님 이외의 다른 것들을 섬겨서도 안 됩니다. 자기의 유익을 구하지 말고 남의 유익을 구해야 합니다(24절). 하나님의 교회에 걸림돌이 되지 말고 사람들의 구원을 위해 적극적으로 참여해야 합니다.

2월 February 24

출애굽기7장 • 누가복음10장 • 욥기24장 • 고린도전서11장

출애굽기 7장은 첫 번째 만남에서 기가 확 죽은 모세에게 다시 한 번 소명을 주시는 장면으로 시작됩니다. 모세는 호렙산에서 그랬던 것처럼 자신은 능력이 부족하다는 말을 반복합니다. 인내의 하나님은 그런 모세에게 같은 말을 반복하시며 용기를 북돋아 주시는데, 이 모든 과정들이 하나님의 통치 안에 있으며 결국 하나님이 누구신지 알리기 위함임을 깨닫게 하십니다. 이후 본격적인 대결이 시작됩니다. 먼저 아론이 지팡이를 뱀으로 만듭니다. 애굽의 요술사들도 바로 따라합니다. 이어서 나일강이 피로 물듭니다. 애굽의 요술사들도 그와 같이 행합니다. 첫 번째 재앙이 나일강과 관련이 있다는 것은 매우 의미심장합니다. 나일강은 애굽의 생명줄이며, 적어도 애굽의 신 셋(하피, 오시리스, 크눔 등)과 연결되어 있습니다. 또한 이스라엘의 남자아이를 죽이는 수단으로 사용되었던 나일강이 애굽을 죽이는 수단이 되었습니다. 7일 간 핏물이 계속되었다는 것은 애굽의 역창조를 의미합니다. 이제 애굽에서는 생명으로의 창조가 아니라 죽음으로의 파괴가 진행될 것입니다.

욥기 24장은 출애굽기의 분위기와는 다소 다릅니다. 출애굽기의 전반부는 하나님께서 고난 받는 백성들의 외침을 들으시고 악한 자를 징계하시는 내용입니다. 출애굽기의 전반부만을 보면, 욥의 친구들이 말하는 바가 다 옳습니다. 그러나 욥은 그렇게 바라보지 않습니다. “어찌하여 전능자는 때를 정해 놓지 아니하셨는고 그를 아는 자들이 그의 날을 보지 못하는고”(1절). 궁극적으로 악한 자들은 멸망할 것입니다. 그러나 모든 의인들이 그것을 볼 수 있는 것은 아닙니다. 욥은 세상에 악한 자들이 참 많음을 압니다. 그들은 악덕 지주이며 착취하는 부자들입니다. 권력을 남용하여 자기의 배를 부르게 하는 자들입니다. 분명히 악인들은 존재하며 그들의 멸망은 결정되어 있습니다. 그러나 악인들이 즉시 망하지는 않습니다. "하나님은 그에게 평안을 주시며 지탱해 주시나"(23절). "그들은 잠깐 동안 높아졌다가"(24절). 욥의 강조점은 악인들이 평안하고 높아진다는 것에 있습니다. 세상은 부당하고 부조리합니다. 이와 같이 부조리한 세상을 구원하실 분은 예수 그리스도밖에 없습니다.

누가복음 10장은 칠십 인의 전도로 인해 "사탄이 하늘로부터 번개같이 떨어지는 것"(18절)을 말합니다. 부조리한 세상을 열심히 만들고 있는 사탄을 파멸시킬 유일한 무기는 복음입니다. 이 복음을 온전히 전파하는 제자들을 통해 하나님의 나라가 임합니다. 이 복음이 무엇입니까? 예수 그리스도를 믿음으로 구원을 얻을 수 있다는 것입니다. 율법의 정신은 사랑입니다. 율법을 완성하는 것은 사랑입니다. 그것이 선한 사마리아인의 비유가 드러내고자 하는 의미입니다. 이것을 완벽히 성취하신 분은 누구입니까? 예수 그리스도입니다. 그러므로 예수님이 율법의 완성입니다. 이 예수님을 믿고, 그분의 길을 따라 사랑을 실천하는 자가 제자입니다. 제자는 부당한 고통이 가득한 세상을 하나님 나라로 확장해 가야 하는 사명이 있습니다.

그러므로 우리는 **고린도전서 11장**에서 바울이 말하는 것처럼 그리스도를 본받되, 바울이 그리스도를 본받은 것처럼 해야 합니다(고전 11:1). 특히, 제자들은 하나님의 질서를 소중히 여겨야 합니다. 제자는 자기 멋대로 움직이는 사람이 아닙니다. 주님께서 만드신 창조 질서, 구원 질서, 교회 질서를 충실하게 따르는 사람입니다. 그러면서도 사랑을 잃어버려서는 안 됩니다. 성만찬이 빈궁한 자들을 부끄럽게 만드는 모임이 되지 않도록 최선을 다해서 약한 자를 돌보아야 합니다.

2월 February 25

출애굽기8장 • 누가복음11장 • 욥기25-26장 • 고린도전서12장

출애굽기 8장에는 개구리 재앙, 이 재앙, 파리 재앙 등 세 가지 재앙이 등장합니다. 개구리가 애굽 전역을 덮었습니다. 개구리 시체들은 썩은 내를 진동시켰고, 바로는 결국 견디지 못하고 모세에게 이것을 제거해 달라고 부탁하며 이스라엘을 내보내 주겠다고 약속합니다. 그러나 그는 이 약속을 지키지 않습니다. 세 번째 재앙으로 이가 나타나는데, 애굽의 요술사들도 이것은 모방하지 못합니다. 그들은 이 일이 '하나님의 손가락'에 의해 되었다고 고백합니다(19절). 이어서 파리 떼가 애굽을 습격합니다. 이때부터 재앙은 애굽에만 내리게 됩니다. 개구리, 이, 파리는 물, 땅, 공기를 대변하여 천지만물이 하나님의 손에 달려 있음을 알려 줍니다. 또한 이 세 개의 재앙은 모두 애굽이 숭배하던 신과도 관련이 있습니다. 결국, 세 가지 재앙을 통해 하나님께서는 당신만이 참된 신임을 애굽과 온 세상에 알리고 계신 것입니다.

욥기 25장은 빌닷의 견해를 보여 주는데, 매우 짧습니다. 이것은 세 친구들의 견해가 점점 힘을 잃어 가고 있다는 증거입니다. 빌닷은 그다지 새로울 것 없는 말을 반복합니다. 하나님은 주권자이시고 사람은 그분 앞에서 의로울 수 없다는 것입니다. 빌닷이 붙들고 있는 신학적 견해는 이것으로 끝입니다. 그러나 욥은 다릅니다. **욥기 26장**에서 욥은 이것을 신랄하게 비판합니다. "네가 힘 없는 자를 참 잘 도와주는구나 기력 없는 팔을 참 잘도 구원하여 주는구나"(2절). 빌닷의 견해는 진리가 일부 포함되어 있지만 구원하는 진리는 될 수 없습니다. 욥은 창조 질서를 흔드시는 하나님의 주권적인 역사를 묘사합니다. "그가 꾸짖으신즉 하늘 기둥이 흔들리며 놀라느니라"(11절). 세 친구는 질서가 무너지는 세계를 전혀 이해하지 못합니다. 그러나 질서를 만드신 하나님은 그 질서를 흔드실 권리도 갖고 계십니다. 욥은 바로 이 점에서 구원의 지혜를 찾습니다. “그는 능력으로 바다를 잔잔하게 하시며 … 입김으로 하늘을 맑게 하시고”(12-13절).

누가복음 11장의 예수님은 바로 그 주권의 행사자이십니다. 바리새인들이 붙들고 있었던 신학적 견해, 곧 하나님은 질서를 따라 움직이신다는 생각을 완전히 파괴하십니다. 어떤 바리새인이 예수님을 초청합니다(37절). 예수님께서 식사하기 전에 손을 씻지 않으시는 것을 보고 그는 매우 이상하게 여깁니다. 손을 씻는 것은 정결 의식과 관련이 있었기 때문입니다. 그러나 예수님은 바리새인들이 잔과 대접의 겉은 깨끗이 하면서 속에는 탐욕과 악독이 가득하다는 것을 지적합니다(39절). “화 있을진저 너희 바리새인이여 너희가 박하와 운향과 모든 채소의 십일조는 드리되 공의와 하나님께 대한 사랑은 버리는도다”(42절). 예수님은 질서를 신뢰하지 말고 하나님을 신뢰할 것을 강력히 요청하십니다. 어리석은 바리새인들은 자신들의 방식으로 법칙을 지키려 했으나 그 법칙의 창조자요 주권자이신 하나님을 바라보지 못했습니다. 하나님은 창조 세계를 질서 있게 만드실 뿐만 아니라 그 창조 세계를 쥐고 흔드십니다. 개구리, 이, 파리를 마음대로 조종하시는 분입니다.

고린도전서 12장에서 바울은 교회의 질서를 다룹니다. 그러나 마찬가지입니다. 교회의 질서가 매우 중요하지만 이 모든 것의 중심은 그리스도입니다. 성령께서 주신 각자의 은사가 다양하지만 그것보다 중요한 것은 사랑입니다. 자신의 은사를 자랑하는 것은 어리석은 일입니다. 은사를 주신 분을 사랑하고 그리스도께 순종하며 함께 지체된 형제들을 귀히 여기는 것은 교회가 교회 되는 것과 관련하여 가장 중요합니다. 그러므로 우리는 이런 생각을 가지고 있어야 합니다. “만일 한 지체가 고통을 받으면 모든 지체가 함께 고통을 받고 한 지체가 영광을 얻으면 모든 지체가 함께 즐거워하느니라”(26절).

2월 February 26

출애굽기9장 • 누가복음12장 • 욥기27장 • 고린도전서13장

출애굽기 9장에는 가축들의 죽음, 피부병, 우박의 재앙이 등장합니다. 애굽에 전염병이 돌기 시작합니다. 병은 가축들을 순식간에 죽음으로 몰아넣습니다. 그러나 이스라엘의 가축들은 무사합니다. 하나님께서 그들을 돌보고 계시기 때문입니다. 특히, 애굽에는 소와 관련한 우상들이 많았는데, 하나님께서 애굽의 모든 신들보다 뛰어나심을 보여 주는 재앙이 됩니다. 이어서 피부병이 애굽을 강타합니다. 요술사들도 꼼짝하지 못하고 넘어집니다. 이때부터 바로의 마음을 강퍅케 하시는 하나님의 역사가 등장합니다. 지금까지는 스스로 마음을 완고하게 했다면, 이제는 하나님께서 그의 마음을 굳게 하십니다. 당신의 뜻대로 역사를 이끄시기 위해서입니다. 일곱 번째 재앙은 우박입니다. 우박이 가축과 사람들 위에, 그리고 보리 위에 떨어져서 모든 것을 파괴합니다. 애굽 사람들도 이때부터 바로가 아니라 하나님을 두려워하기 시작합니다. 바로는 자신을 죄인이라고 고백하면서 이 재앙을 멈춰 달라고 부탁합니다.

욥기 27장은 욥이 세 친구들을 가르치는 장면입니다. 어느덧 욥기는 욥의 고난에 대한 논쟁에서 복음에 대한 논쟁으로 흘러가고 있습니다. 세 친구들이 가지고 있는 기계론적인 신론과 인간의 행위 중심적 축복론에 반박하며 욥은 끊임없이 하나님의 주권과 은혜를 강조합니다. 욥은 자신의 의로움을 내세웁니다. "내가 내 공의를 굳게 잡고 놓지 아니하리니 내 마음이 나의 생애를 비웃지 아니하리라"(6절). 이는 욥의 교만을 뜻하지 않습니다. 하나님과 자신의 관계에 대한 확신입니다. 자기 자신의 어떠함이 아니라 하나님께서 자신을 어떻게 여기시는지를 아는 사람은 세상이 모두 일어나 조롱해도 굳건한 믿음을 갖습니다. "너희에게나 다른 사람에게나 판단 받는 것이 내게는 매우 작은 일이라 나도 나를 판단하지 아니하노니 내가 자책할 아무것도 깨닫지 못하나 이로 말미암아 의롭다 함을 얻지 못하노라 다만 나를 심판하실 이는 주시니라"(고전 4:3-4절). 하나님께서 우리를 위하시면 우리를 대적할 자가 없습니다. 세 친구들은 참된 신자, 욥을 대적함으로 하나님을 대적하는 죄를 짓게 된 것입니다.

누가복음 12장에는 우리의 거룩함과 의로움이 되시는 예수 그리스도의 가르침이 나옵니다. 예수님은 바리새인들의 외식을 계속하여 경고하십니다. "감추인 것이 드러나지 않을 것이 없고 숨긴 것이 알려지지 않을 것이 없나니"(2절). 기계적인 신앙은 항상 겉모습만 신경을 씁니다. 예수님은 참된 신자가 믿어야 할 것을 말씀하시는데, 바로 하나님의 돌보심입니다. 세상 권력자들이 우리의 목숨을 취할 수는 있지만 우리의 영혼은 어쩌지 못합니다. 우리가 두려워해야 할 분은 '지옥에 던져 넣은 권세를 가진 자'(5절)입니다. 하나님은 신자의 머리카락 숫자까지도 알고 계십니다. 따라서 우리는 자신의 생존을 걱정하고 그것에 몰입하여 살기보다는 하나님의 나라와 의를 우선적으로 추구해야 합니다. "믿음이 작은 자들아 너희는 무엇을 먹을까 무엇을 마실까 하여 구하지 말며 근심하지도 말라"(28-29절).

고린도전서 13장은 하나님의 나라와 의는 구체적으로 어떻게 찾아오는지를 잘 말해 줍니다. 바울은 교회 질서 문제를 다루면서 '사랑'을 그 핵심에 집어넣습니다. 은사는 좋은 것입니다. 구제도 좋은 것입니다. 예배도 좋은 것이고 성경 공부도 좋은 것이며 선교와 전도도 좋은 것입니다. 그러나 이 좋은 것들이 참된 신앙이 되려면 반드시 사랑을 만나야 합니다. 사랑이 없는 신앙 행위는 공허한 꽹과리에 불과합니다. 허탄한 자랑일 뿐입니다. 믿음, 소망, 사랑, 이 세 가지는 기독교 신앙의 중심인데, 그중에서도 사랑이 첫 번째입니다.

출애굽기 10장에는 메뚜기와 흑암 재앙이 나옵니다. 메뚜기 떼는 모든 것을 파괴하는 혼돈을 상징합니다. 이제 애굽에 남아 있는 모든 농작물이 메뚜기 떼에 의해 사라질 것입니다. 위기의식을 느낀 신하들이 바로를 설득하지만, 바로는 여전히 고집을 부립니다. 어른들만 예배를 드리러 나갔다가 다시 돌아오라고 합니다. 메뚜기 떼는 애굽 전역을 휩쓸었고 바로는 다시 한 번 거짓말로 위기를 모면합니다. 아홉 번째 재앙은 흑암입니다. 애굽의 최고신이 태양신이며 바로는 태양신의 아들로 일컬어졌음을 볼 때, 이 재앙은 상당한 충격을 안겨 주었을 것입니다. 애굽을 보호할 수 있는 신이 하나도 남아 있지 않게 된 것입니다. 3일간의 흑암 끝에 바로는 또 다시 협상을 하려고 하는데, 이번에는 짐승들을 두고 가라고 합니다. 이것은 이스라엘 백성을 잡아 두려는 것입니다. 그의 어리석음 덕분에 애굽은 가장 큰 재앙을 맞이하게 됩니다. 당시 애굽은 첨단 지식을 지닌 문명국가였습니다. 지금도 신비롭게 여겨지는 피라미드를 건축할 만큼 훌륭한 기술도 가지고 있었습니다. 그럼에도 불구하고, 애굽의 바로 왕은 어리석기 짝이 없었습니다. 그는 참된 지혜가 무엇인지 몰랐습니다.

욥기 28장은 이와 같은 사람의 무지와 한계를 말합니다. 사람은 금과 은과 철과 동을 얻기 위해 어둠을 뚫고 바위를 쪼갭니다. 이와 같은 지식과 기술은 어떤 동물도 흉내 낼 수 없는 사람만의 탁월함입니다. 그러나 이 탁월한 사람도 전혀 알 수 없는 것이 있는데, 인생의 지혜입니다. 땅속 길은 아는 사람이 자기 인생의 길은 전혀 알지 못합니다. 똑똑하다고 자부하는 사람이 오히려 미련합니다. "주를 경외함이 지혜요 악을 떠남이 명철"(28절)인데, 고집스러운 인간은 자신이 가지고 있는 알량한 잔꾀 몇 가지를 자랑하기 때문입니다. 인간의 고집스러운 면모는 신구약을 가리지 않습니다.

누가복음 13장은 당대의 종교인들과 그리스도를 비교합니다. 종교인들은 몇 가지 율법에 얽매여 삽니다. 그것을 알고 지키는 것이 그들이 알고 있는 진리의 전부입니다. 안식일에 귀신이 들려 허리가 굽은 여인을 예수님이 고치시자 회당장 하나가 나와서 안식일 율법을 어겼다고 힐난합니다. 예수님은 안식일의 참된 의미를 되새겨 주시는데, 안식일에는 진정한 쉼과 자유가 있어야 마땅하다는 것입니다. 자기 세계에 빠져 있는 사람들이 얼마나 어리석은지를 잘 보여 주는 예화입니다. 수없이 율법을 읽고 가르쳐 온 회당장이었지만 그는 율법의 참된 의미를 알지 못하는 미련한 사람이었습니다. 참된 안식이 눈앞에 있는데, 곧 예수 그리스도께서 눈앞에 계신데, 그는 자기의 신념을 고집하느라 놓치고 있습니다. 오늘날의 교회는 이것을 놓쳐서는 안 됩니다. 모든 율법과 계명과 은사는 그리스도를 위해 주신 것입니다. '나' 자신의 고집을 사수하느라 이것을 놓치는 사람은 어리석습니다. 우리는 우리에게 있는 모든 것을 들어 머리이신 그리스도를 위해 사용해야 합니다.

고린도전서 14장은 은사 문제를 다루면서 "모든 것을 품위 있게 하고 질서 있게 하라"(40절)고 결론을 냅니다. 모든 것을 적절하게 하고 질서 있게 해야 하는 이유는 우리 자신을 드러내지 않고 그리스도를 드러내기 위해서입니다. 자신을 드러내고 싶은 사람은 지식과 은사와 실력을 자랑하느라 여념이 없기에 아주 무질서합니다. 그리스도를 드러내고 싶은 사람은 자신의 지식과 은사와 실력을 적절하고 질서 있게 사용하기 위해 절제합니다. 고집을 부드럽게 만들고 모든 것을 적절하고 질서 있게 하고자 하는 사람은 참된 안식이 되시는 그리스도 안에 거해야 합니다. 그리스도께서 우리의 미련하고 고집스러운 마음을 변화시켜 주십니다.

2월 February 28

출애굽기 11:1–12:28 • 누가복음 14장 • 욥기 29장 • 고린도전서 15장

출애굽기 11장과 **출애굽기 12장 전반부**는 열 번째 재앙을 준비하는 과정입니다. 먼저, 하나님은 이 마지막 재앙에 어떤 의미가 있는지를 말씀하십니다. 열 번째 재앙으로 이스라엘은 출애굽을 하게 될 것이고, 애굽에는 전무후무한 통곡이 있게 될 것입니다. 바로의 고집과 교만함이 사태를 여기까지 끌고 왔습니다. 이어서 하나님은 유월절과 무교절 규례를 알려 주시는데, 이를 통해 하나님의 구원 역사를 기억하라고 명령하십니다. '기억하다, 보존하다'라는 단어를 일곱 번 사용하셔서 이 절기들의 중요성을 강조하십니다. 이스라엘은 유월절이 속해 있는 달을 1월로 지정해야 하는데, 그만큼 이스라엘의 정체성에 유월절은 중요합니다. 우리도 마찬가지입니다. 구원은 새롭게 태어나는 사건입니다. 우리의 존재와 인생은 구원에 걸려 있습니다. 십자가의 구원을 중심으로 우리 자신을 성찰하는 일은 대단히 중요합니다.

그리고 지금 여기에 그 누구보다 구원을 갈망하는 한 사람이 있습니다. 욥입니다. **욥기 29장**은 욥의 회상입니다. 욥은 하나님께서 자신을 보호하시던 때를 진심으로 그리워합니다. 그때에는 하나님의 등불과 빛이 어둠을 걷는 욥의 길을 비추어 주었고, 모든 사람들이 욥을 존대했습니다. 욥도 빈궁한 자와 약한 자들을 힘써 도왔습니다. 하나님께서 욥과 함께하실 때, 욥은 모든 사람들의 흠모를 받고 모든 사람들의 구원자가 되었습니다. 무릇 하나님과 동행하는 자는 이와 같은 큰 복을 받습니다. 하나님의 구원이 우리에게 절실한 이유입니다. 욥기 29장에 나오는 욥의 모습은 그리스도에 대한 예표이기도 합니다. 욥은 빈민과 고아와 과부와 망한 자들을 건져 냈다고 합니다. 또한 맹인의 눈이 되어 주기도 하고 저는 사람의 발이 되어 주기도 했습니다. 사람들 가운데 으뜸이 되는 자리에 앉았고 사람들은 비를 기다리듯 그를 기다렸습니다.

누가복음 14장에 나오시는 예수님이 딱 그렇습니다. 예수님은 안식일에 수종병 든 사람을 고쳐 주셨습니다. 율법주의자들은 이것을 싫어했지만 많은 사람들은 예수님을 흠모했습니다. 예수님을 기다렸습니다. 그분께서 병자와 가난한 자와 죄인을 구원하셨기 때문입니다. 그 예수님은 지금도 우리를 초청하십니다. 우리를 위한 기쁨의 잔치를 열고 우리에게 돌이켜서 당신에게로 오라고 손짓하십니다. 누군가는 온갖 핑계를 대고 거절하겠지만, 누군가는 그 잔치에 참여합니다. 참여하는 누군가는 '가난한 자들과 몸 불편한 자들과 맹인들과 저는 자들'입니다. 멀쩡한 사람이 아니라 스스로 절망한 사람들이 구원받기에 합당하다는 뜻입니다. 그러므로 그리스도는 연약한 자들의 소망입니다. 죄인들의 구원이요, 두려워 떠는 자들의 위로입니다. 무엇보다 그리스도는 우리를 죽음에서 건져 내신 부활의 첫 열매가 되십니다.

고린도전서 15장은 그리스도의 부활이 없으면 우리의 믿음이 헛것이라고 합니다. 굳이 이 땅을 버리고 하나님 나라를 위해 살 이유가 없다는 것입니다. 그러나 그리스도께서 사망을 이기고 부활하셨기 때문에 우리 역시 이 땅에서 기꺼이 죽음을 택할 수 있습니다. 희생과 헌신을 택할 수 있습니다. 왜냐하면 그리스도 안에 있는 우리는 '그리스도와 함께', '그리스도처럼' 부활할 것이기 때문입니다. 우리를 공포스럽게 만드는 죽음은 그리스도께서 부활하심으로 우리 곁을 영원히 떠났습니다. "사망아 너희 승리가 어디 있느냐 사망아 네가 쏘는 것이 어디 있느냐 사망이 쏘는 것은 죄요 죄의 권능은 율법이라"(55-56절). 우리 주 예수 그리스도로 말미암아 우리에게 승리를 주시는 하나님께 감사합시다.

March
/
3월

3월 March 01

출애굽기12:29–51 • 누가복음15장 • 욥기30장 • 고린도전서16장

출애굽기 12장 후반부는 열 번째 재앙이 실현되는 장면입니다. 애굽 땅에 있는 모든 첫 것이 죽임을 당합니다. '첫 것'은 사실상 모든 것을 의미합니다. 애굽 전역이 심판을 당한 것입니다. 애굽에 대한 심판은 이스라엘의 구원을 뜻합니다. 완고했던 바로가 드디어 하나님 앞에 항복을 선언합니다. 애굽 사람들은 은금 패물과 의복을 이스라엘 자손들에게 바칩니다. 신의 아들이 다스리는 제국 애굽이 일개 노예들에게 패배한 것입니다. 하나님은 이 사건을 유월절 의식으로 영원히 기억하라고 명령하십니다. 이스라엘 백성들은 자손들에게 이 사건을 가르쳐 주어야 할 의무가 생겼습니다. 구원은 오직 하나님께 속하였고, 그 하나님께서 바로 우리의 하나님이 되심을 우리는 힘써 기억해야 합니다. 유월절에 일어난 이 구원 사건은 하나님께서 당신 백성의 신음 소리를 들으심으로 시작되었습니다(출 2:24). 하나님은 상한 자, 아픈 자, 포로된 자, 실패한 자의 구원이 되십니다.

누가복음 15장은 그것에 관한 비유입니다. 세 가지 비유, 곧 잃은 양에 관한 비유, 잃은 돈에 관한 비유, 그리고 잃은 아들에 관한 비유는 모두 하나님의 긍휼하심을 다루고 있습니다. 특히, 잃은 아들의 비유에서 예수님은 '실패한 아들을 향한 아버지의 사랑'을 하나님의 사랑과 비교합니다. 하나님 '아버지'는 실패하고 돌아오는 모든 자녀들을 안아 주십니다. 욥은 모든 부분에서 실패한 자입니다. 가족과 재산과 건강을 잃어버렸습니다. 그는 정말 불행했습니다.

욥기 30장은 욥의 탄식으로 가득합니다. 자기를 존경했던 젊은이들이

이제 자기를 비웃고, 자기에게 도움을 받았던 자들이 이제 자기를 외면합니다. 무엇보다 욥이 괴로운 것은 이 모든 불행의 원인이 하나님께 있는 것처럼 보인다는 점입니다. 하나님께서 자기를 진흙 가운데 던지시고 티끌과 재 같게 하셨다는 고백(19절)이 슬픕니다. 그런데 우리는 하나님과 자신이 끊어졌다는 욥의 절규(20-23절)를 듣고 그와 같이 소리치셨던 한 분을 떠올립니다. 예수 그리스도입니다. 그리스도는 스스로 실패한 자와 같이 되셔서 실패한 모든 자들을 위한 구원자가 되셨습니다. 그분은 그럴 만한 이유가 전혀 없음에도 불구하고 우리를 향한 긍휼 하나로 그 일을 행하셨습니다.

고린도전서 16장은 그리스도를 믿는 자들의 생활을 보여줍니다. 긍휼의 복음을 갖고 이 땅에 오신 그리스도를 따라 그리스도인들은 힘겨운 성도들을 돕습니다. 말로만 위로하는 것이 아니라 실질적인 도움을 줍니다. 긍휼의 복음을 전하고, 그 복음을 전하는 자들에게 순종합니다. 또한 모든 일을 사랑으로 행합니다. 성도의 교제를 깊이 나누고, 교회를 섬기며, 주님을 뜨겁게 사랑합니다. 긍휼의 복음을 믿는 자들은 결코 이기적일 수 없습니다. 항상 교회를 생각하고, 성도를 위합니다. 고린도전서 16장에 나오는 바울의 문안 인사는 그리스도인이 어떤 마음가짐으로 살아야 하는지를 가르칩니다.

3월 March 02

출애굽기13장 • 누가복음16장 • 욥기31장 • 고린도후서1장

출애굽기 13장에서 하나님은 이 사건의 의미를 가르쳐 주십니다. 모든 첫 것을 하나님께 돌림으로 하나님께서 모든 것의 주인이 되심을 가르치십니다. 또한 가나안 땅에서 무교절과 유월절을 지키라고 명령하심으로 이 구원 사건을 계속하여 기억할 것을 요구하십니다. 뿐만 아니라 이것은 자손대대로 기억해야 할 것입니다. 출발점을 기억하는 것은 중요합니다. 그것이 바로 우리의 토대요 근거이기 때문입니다. 그리스도인은 새롭게 태어난 사람입니다. 누구에 의해, 무엇을 믿음으로, 어떻게 태어났는지를 기억할 때, 우리는 오늘을 바르게 살아갈 수 있습니다. 나를 향한 하나님의 구원 사건을 기억하는 자는 오늘 나를 향한 하나님의 돌보심을 바라볼 수 있습니다. 불기둥과 구름기둥으로 돌보시는 하나님이 지금 이스라엘 곁에 있듯이 말입니다.

욥기 31장은 욥의 마지막 말입니다. 여기서 욥은 여전히 자신의 깨끗함을 주장합니다. 그러면서 여러 가지 죄의 목록들을 언급합니다. 욥은 바른 길에서 떠나지 않았습니다. 욥은 간음의 죄를 짓지 않았습니다. 욥은 종들을 불의하게 대하지 않았습니다. 욥은 가난한 자들을 박대하지 않았습니다. 욥은 사회적 약자들을 착취하지 않았습니다. 욥은 재물을 의지하지도 않았고 해와 달을 숭배하지도 않았습니다. 원수들에게 원한을 품지도 않았고 나그네를 쫓아내지도 않았으며, 위선의 죄도 저지르지 않았습니다. 욥은 지금 하늘의 법정에서 스스로를 변호하고 있는 것입니다. 이 완벽한 순종은 예수 그리스도를 예표합니다. 예수님만이 순전한 마음과 완전한 순종이 가능합니다. 그럼에도 불구하고 욥의 무죄 선언은 매우 의아합니다. 욥은 어떻게 이처럼 완벽한 의를 주장할 수 있습니까? 그는 스스로를 의롭다 칭함 받은 자로 여기기 때문입니다. 이는 욥기 후반부에서 하나님의 말씀으로 증명됩니다.

누가복음 16장은 우리의 의가 되시는 예수 그리스도의 비유가 나옵니다. 먼저, 예수님은 불의한 청지기 비유를 통해 재물이 가지는 의미를 설명하십니다. "집 하인이 두 주인을 섬길 수 없나니 혹 이를 미워하고 저를 사랑하거나 혹 이를 중히 여기고 저를 경히 여길 것임이니라 너희는 하나님과 재물을 겸하여 섬길 수 없느니라"(13절). 바리새인들은 돈을 좋아했기 때문에 예수님의 이 비유를 비웃습니다. 예수님은 그들의 마음을 아시고 이렇게 말씀하십니다. "너희는 사람 앞에서 스스로 옳다 하는 자들이나 너희 마음을 하나님께서 아시나니 사람 중에 높임을 받는 그것은 하나님 앞에 미움을 받는 것이니라"(15절). 그리고 부자와 거지 나사로의 비유를 통해 이 말씀을 확증하십니다.

고린도후서 1장에는 그리스도의 고난 속에 담겨 있는 신학적 의미에 대한 바울의 통찰이 나옵니다. 하나님은 위로자가 되십니다. 환난 중에서 우리를 위로하십니다. 그리스도의 복음에 참여하기 위해 고난 받은 신자들은 그리스도로 말미암아 주어지는 위로도 넘치게 받습니다. 그리스도는 우리의 유일한 위로이십니다. 이처럼 그리스도로 말미암아 위로를 받은 신자는 현재 환난 중에 있는 지체들을 위로할 수 있습니다. 따라서 오늘의 고난은 내일의 사명이 됩니다. 오늘의 슬픔은 내일의 소명이 됩니다. 고난 중에 있는 신자들이 있다면 하나님 앞에서 그리스도로 말미암아 주어지는 위로를 넘치도록 받으십시오. 그리고 그 넘치는 위로를 형제와 이웃들을 향해 흘려보내십시오. 이것이 고난 속에 담긴 신학적 의미입니다.

3월 March 03

출애굽기14장 • 누가복음17장 • 욥기32장 • 고린도후서2장

출애굽기 14장은 출애굽 사건의 완성입니다. 하나님의 구원은 결코 모자람이 없으며 완벽합니다. 이 사건에서 주목하여 볼 사람은 바로와 이스라엘 백성들입니다. 바로의 완고함, 그리고 이스라엘 백성들의 원망은 하나님의 구원 사건과 철저히 대비됩니다. 바로는 열 가지의 재앙을 겪고도 이스라엘을 잡으려고 쫓아옵니다. 물론, 이 사건의 배후에는 하나님이 계십니다. “여호와께서 애굽 왕 바로의 마음을 완악하게 하셨으므로”(8절). 이스라엘 백성들은 그 현장을 목격한 후에 심한 두려움에 사로잡힙니다. “애굽에 매장지가 없어서 당신이 우리를 이끌어 내어 이 광야에서 죽게 하느냐”(11절). 그러나 분명 하나님께서는 이 사건을 예고하셨습니다(1–4절). 그럼에도 불구하고 이스라엘 백성들은 하나님의 말씀보다 눈앞의 현실에 공포를 느끼고 원망을 합니다. 놀라운 것은 바로의 완고함과 이스라엘 백성들의 어리석음이 하나님의 구원 사역을 결코 방해하지 못한다는 것입니다. 바로의 군대는 심판을 받고 이스라엘 백성들은 구원을 받습니다.

욥기 32장에는 새로운 인물이 등장합니다. 엘리후입니다. 엘리후는 세 친구와 욥 사이에 서 있는 균형자입니다. 그는 욥이 자신의 의로움을 지나치게 강조한다고 비난한 뒤에 세 친구의 궤변에도 화를 냅니다. 엘리후는 다른 친구들에 비해 어렸지만, 지혜는 나이를 따라 생기는 것이 아님을 강조합니다. 그는 단호하게 사람의 의견을 따라, 혹은 사람의 평판을 위해 이야기하지 않겠다고 말합니다. 오직 하나님의 영광을 위해, 그리고 그를 지으신 이의 영을 따라 말하겠노라고 선언합니다. 엘리후의 연설은 38장 이후에 나오는 하나님의 연설과 크게 다르지 않습니다. 그것을 볼 때, 엘리후는 하나님의 지혜를 갖고 있는 친구입니다. 양극단에 서 있는 욥과 세 친구들에게 지혜를 전하고 하나님이 어떤 분인지를 바르게 가르칩니다. 그런 점에서 엘리후는 모세와 비슷하게 선지자의 역할을 수행하고 있습니다. 어떤 신학자는 엘리후를 그리스도의 예표로 설명하기도 합니다. 그리스도는 하나님의 교훈을 가르치셨고, 그 자신이 하나님의 지혜가 되셨기 때문입니다.

누가복음 17장에는 그리스도의 교훈이 나옵니다. 예수님은 권징과 용서를 균형 있게 가르치셨습니다. 헌신과 순종을 가르치셨고, 하나님 나라에 관해서도 가르치셨습니다. 예수님의 가르침은 자기 자신을 겸손히 인식하게 만드는 지혜입니다. 다가오는 심판에 비추어 오늘 무엇을 믿고 사는 것이 지혜인지를 깨닫게 합니다. 느닷없이, 그러나 반드시 임하는 종말을 대비하는 인생이 지혜롭습니다.

고린도후서 2장은 종말론적 신앙을 좀 더 구체적으로 가르칩니다. 성도는 교회 안에서, 또한 교회로 살아가야 합니다. 다른 성도들에게 사랑을 나타내야 합니다. 또한 용서를 즐거워해야 합니다. 그리스도의 향기가 되어 구원받는 자들에게나 망하는 자들에게 이 냄새를 맡게 해야 합니다(14-16절). 우리의 말과 행동에서 그리스도의 향기가 나는지 점검해 봅시다. 거룩함의 향기, 사랑의 향기, 용서의 향기 등 그리스도께서 보여 주셨던 그 향기가 우리를 통해 드러나야 합니다. 뿐만 아니라 우리는 하나님의 말씀을 혼잡하게 해서는 안 됩니다. 하나님께 받은 말씀 그대로 순전하게 전해야 합니다. 자신의 생각을 가미하거나 신념을 섞어서는 안 됩니다. 그리스도의 십자가 사건을 기억하는 사람은 오늘도 하나님께서 우리를 돌보심을 알고, 하나님의 지혜를 따라 하나님 나라의 도래를 소망하며 힘써 경건한 삶을 살아갑니다.

출애굽기 15장에는 모세의 노래와 미리암의 노래가 나옵니다. 홍해를 건넘으로 출애굽이 완성됩니다. 모세와 이스라엘 백성들은 이 놀라운 구원 사건을 노래합니다. 이 노래를 통해 우리는 찬송이 어떻게 구성되어야 하는지를 배웁니다. 모세는 철저히 하나님의 행하심과 그분의 성품을 연결하여 노래합니다. 또한 그분을 객관적인 존재로 바라보지 않고 주관적인 예배의 대상으로 노래합니다. "여호와는 나의 힘이요 노래시며 나의 구원이시로다"(2절). 여기에 믿음을 결부시킵니다. 이스라엘을 구원하신 하나님은 가나안을 비롯한 여러 민족들을 떨게 만드실 것입니다(14-16절). 그분은 이스라엘 백성을 끝까지 인도하실 것입니다(17절). 미리암은 이 노래를 다시 한 번 반복함으로 하나님을 찬양합니다. 하나님이 누구신지 정확히 아는 사람만이 이와 같이 찬양할 수 있습니다. 하나님께서 어떤 일을 행하셨는지 온전히 이해하는 사람만이 찬양할 수 있습니다.

욥기 33장에서도 엘리후의 연설은 계속됩니다. 33장에서는 엘리후가 예언자라는 사실을 좀 더 강하게 표현합니다. "하나님의 영이 나를 지으셨고 전능자의 기운이 나를 살리시느니라"(4절). 엘리후는 38장 이후에 등장하실 하나님의 예비적 존재입니다. 그는 욥의 실수를 지적하는데, 세 친구들과는 달리 욥을 살리기 위한 충고를 합니다. "잠잠하라 내가 지혜로 그대를 가르치리라"(33절). 고난에 함몰된 욥은 몇 가지 말로 하나님을 원망했습니다. 그중 하나는 하나님께서 응답하시지 않는다는 것이었습니다. 이에 엘리후는 하나님께서 여전히 말씀하고 계심을 강조합니다. "하나님은 한 번 말씀하시고 다시 말씀하시되 사람은 관심이 없도다"(14절). 하나님은 말씀하시는 분입니다. '졸 때, 잠들었을 때, 꿈과 환상을 볼 때' 하나님은 말씀하십니다. 이는 사람이 가장 수동적일 때를 의미하며, 구약 시대에 하나님께서 말씀하셨던 여러 가지 방법이었습니다(히 1:1-2). 또한 하나님은 고통을 통해 말씀하십니다. 엘리후는 '말씀하시지 않는 하나님 앞에 호소하던 욥'에게 여전히 하나님은 말씀하고 계심을 가르칩니다.

누가복음 18장에는 고통 앞에서도 낙심하지 말아야 할 이유가 나옵니다. 예수님은 과부와 재판장의 비유를 통해 신자가 이 세상에서 고난을 당할 수 있다고 말씀하십니다. 그러나 우리는 낙심하지 말아야 합니다. 끝까지 하나님께 매달려야 하는데, 하나님은 당신의 백성을 외면하시지 않기 때문입니다. 하나님께 끝까지 매달리는 사람은 바리새인이 아니라 세리입니다. 바리새인은 자기 의로 가득하기 때문에 하나님 앞에 엎드리지 않습니다. 그러나 스스로 죄인임을 자각하는 세리는 주님 앞에 자비를 구합니다. 믿음은 어린아이같이 하나님을 순수하게 받아들이는 것입니다. 자기 의와 자기 능력으로 채워져 있는 사람은 하나님을 받아들이지 못합니다. 그런 의미에서 부자 관리와 맹인은 좋은 사례가 됩니다. 율법을 철저히 지켜 왔던 부자 관리는 소유한 것이 너무 많아서 예수 그리스도를 따르지 못합니다. 반면 소망이라고는 예수님밖에 없었던 맹인은 그 절박함으로 예수님을 불렀고, 예수님을 믿었으며, 예수님을 따릅니다. 성경은 명료합니다. 심령이 가난한 자가 하나님 나라를 받습니다.

고린도후서 3장은 하나님으로만 만족하는 신앙이 무엇인지를 말합니다(5절). 하나님은 우리 마음 판에 하나님의 법을 새기셨습니다. 성령에 의해 새겨진 이 법은 우리가 이제 더 이상 율법의 조문 아래에 있는 자들이 아니고 의의 직분을 받은 자임을 증명합니다. 그러므로 우리의 신앙은 모세 시대에 누렸던 신앙보다 더욱 영광스럽습니다. 이 신앙의 중심에 그리스도께서 계십니다.

3월 March 05

출애굽기16장 • 누가복음19장 • 욥기34장 • 고린도후서4장

출애굽기 16장은 다소 당황스럽습니다. 15장에서 하나님을 향한 찬가를 불렀던 이스라엘 백성들이 원망을 토로하기 때문입니다. 그들은 먹을 것이 없다고 불만을 늘어놓더니, 급기야 애굽 생활이 좋았다고 말합니다. 눈 앞에서 엄청난 기적들을 목격하였지만, 그들의 본성은 전혀 변하지 않았던 것입니다. 그러나 하나님은 자비로우십니다. 이스라엘 백성들의 어처구니 없는 불만에도 불구하고 그들을 먹이기로 결정하십니다. 한 가지 시험이 있었는데, 하늘에서 내려오는 양식을 하루 먹을 만큼만 수집해야 하는 것과 안식일 전에는 이틀 치를 거두는 것이었습니다. 이는 하나님의 돌보심을 이스라엘이 참으로 믿는가에 대한 시험입니다. 안타깝게도 이스라엘 백성들은 이 시험을 통과하지 못합니다. 그들은 썩어 없어질 만나를 열심히 저축하였고 안식일에도 광야에 나가서 만나를 구하려고 했습니다. 말씀대로 기적이 일어난 것을 보고서도 그 말씀을 그대로 믿지 않았던 것입니다.

욥기 34장도 엘리후의 연설입니다. 엘리후는 1-15절에서 공적인 청중을 대상으로 욥의 잘못을 지적합니다. 세 친구들이 아무런 증거 없이 욥을 비난했던 것과는 달리, 엘리후는 욥이 했던 말을 근거로 삼습니다. 욥은 자신의 실존적 고난 앞에서 하나님의 공의를 비난했습니다. 엘리후는 욥의 비난이 옳지 못하며 하나님께서는 결코 불의하지 아니하시다고 변호합니다. "진실로 하나님은 악을 행하지 아니하시며 전능자는 공의를 굽히지 아니하시느니라"(12절). 엘리후는 고난에 함몰된 욥의 비난에서 하나님의 영광을 지키는 선지자입니다. 16-37절은 욥을 향한 직접적인 설교입니다. 하나님은 당신의 의지로 심판하십니다. 하나님의 심판은 확실합니다. 하나님께서는 분명한 증거를 가지고 심판하십니다. 하나님의 심판은 공개적입니다. 비록 하나님께서 침묵하실 때가 있지만 누구도 그분의 일하심을 정죄할 수 없습니다. "주께서 침묵하신다고 누가 그를 정죄하며 그가 얼굴을 가리신다면 누가 그를 뵈올 수 있으랴"(29절). 그러므로 욥은 회개해야 합니다. 악인처럼 말했던 것들을 돌이켜야 한다는 것입니다(36절).

누가복음 19장에는 예루살렘에 입성하시는 예수님이 나옵니다. 축복과 고난은 인간을 가장 크게 반응하도록 만드는 촉매제입니다. 광야 속의 이스라엘 백성들은 고통에는 불만으로, 축복에는 욕심으로 반응했습니다. 심지어 의로운 욥조차 고난 앞에서 올바른 말을 하지 못합니다. 그러나 완전한 의인이신 예수님은 고난 앞으로 스스로 걸어가십니다. 예루살렘에는 십자가와 죽음이 기다리고 있었지만, 예수님은 하나님의 뜻과 영광을 위해 순종하십니다. 입성 시에 타셨던 나귀는 겸손과 순결의 상징입니다. 이로써 스가랴 9장 9절에 예언되었던 말씀을 이루십니다. 사람들은 하나님의 나라가 금방이라도 임할 것처럼 환호하였지만, 예수님은 종말론적 신앙을 가르치십니다(11-27절). 예루살렘성전에 들어가신 예수님은 거기서 매매하는 자들을 쫓아내십니다. 성전의 주인이 되신 예수님은 모욕당하는 성전을 참지 못하셨습니다.

고린도후서 4장에서 바울은 오직 예수님께만 반응하는 모범을 보여 줍니다. 수많은 고난이 바울의 삶과 사역에 존재하였지만, 그는 결코 낙심하지 않았습니다. "그러므로 우리가 이 직분을 받아 긍휼하심을 입은 대로 낙심하지 아니하고"(1절). 그리스도께 반응하는 바울의 인생은 믿음에 따른 것이었습니다. "우리가 잠시 받는 환난의 경한 것이 지극히 크고 영원한 영광의 중한 것을 우리에게 이루게 함이니"(17절). 믿음입니다. 믿음이 매일 만나를 먹게 합니다. 믿음이 고난에도 낙심하지 않게 합니다. 믿음이 그리스도께만 반응하여 하나님의 영광을 향하게 합니다.

3월 March 06

출애굽기17장 · 누가복음20장 · 욥기35장 · 고린도후서5장

출애굽기 17장에서부터 이스라엘 백성들은 본격적으로 그 믿음의 연단을 받습니다. 먼저, 그들은 마실 물이 없자 모세를 극렬히 원망합니다. 차라리 애굽에서 죽게 하지 왜 우리를 광야로 인도해 냈냐고 아우성을 칩니다. 하나님은 반석에서 물을 내셔서 당신이 이스라엘을 돌보는 하나님이심을 드러내십니다. 이후 아말렉과 전투를 하는데, 이것은 국가 대 국가로 겨루는 최초의 전투이기도 합니다. 애굽과의 전투가 이스라엘 백성들을 구원하시기 위한 하나님 혼자의 싸움이었다면, 아멜렉과의 전투는 이스라엘을 위하시는 하나님을 믿고 함께 싸우는 싸움이었습니다. 이제부터 이스라엘 백성들은 그 믿음을 시험받고, 연단받게 됩니다. 욥도 하나님께 믿음을 시험받고 연단받고 있습니다. 상당히 혹독한 시험이었기에 욥의 마음이 이리저리 굴러다녔습니다. 욥은 자기의 의를 강변하기에 급급했고, 때로는 하나님을 향한 원망을 드러냈습니다.

욥기 35장에서 엘리후는 그와 같은 욥을 꾸중합니다. 엘리후가 볼 때, 욥은 자기의 의를 지나치게 강조합니다. 마치 하나님께서 욥이 주장하는 자신의 의로움에 따라 움직이셔야 하는 것처럼 억울해했습니다. 엘리후는 이것이 무서운 교만임을 지적합니다. “그대가 의로운들 하나님께 무엇을 드리겠으며 그가 그대의 손에서 무엇을 받으시겠느냐”(7절). 즉, 엘리후는 하나님께서 인정하실 만한 사람의 의로움은 없다고 말하는 것입니다. 그러므로 누구든지 자기의 의로움을 갖고 하나님께 호소해서는 안 됩니다. 오히려 하나님의 긍휼에 기대어 도움을 간청해야 합니다. 그럼에도 불구하고, 이 땅에서는 자신의 고난과 괴로움을 들고 하나님께 부르짖는 사람을 찾아보기 어렵습니다. 고난 속에서 힘들다고 아우성치는 것은 기도가 아닙니다. 하나님께서 들으실 것을 기대하고 간절히 부르짖는 것이 기도입니다. 기도함이 없는 믿음은 있을 수 없습니다. 하나님의 사랑과 자비를 믿는 자가 어찌 기도하지 않을 수 있겠습니까? 참된 기도를 드리지 않는 자는 진리를 대적하는 자입니다.

누가복음 20장에는 이와 같이 참된 기도를 거부하고 자신들의 의에 기초하여 진리를 대적하는 교만한 자들이 나옵니다. 그들은 예수님과 논쟁하여서 그분의 잘못을 드러내고자 애씁니다. 대제사장, 서기관, 사두개인 등입니다. 그들은 믿고 의지하고 간구하기보다는 의심하고 적대하고 꺾으려고 했습니다. 자기들이 옳다는 확신에 사로잡혀 있었기 때문입니다. 그들의 마음은 부드럽기보다는 완고했고, 믿음이 있기보다는 불신이 있었습니다.

고린도후서 5장은 믿음이 있는 자가 무엇을 바라보아야 하는지를 가르칩니다. 바울은 '땅에 있는 장막 집' 곧 자신의 육체가 무너지면 하늘에 있는 영원한 집에 들어갈 수 있다고 말합니다. 즉, 바울의 믿음에는 아주 구체적인 소망이 있습니다. 소망이 없는 믿음은 살아 있는 믿음이 아닙니다. 이 믿음은 '살아 있든지 죽든지 오직 주를 기쁘시게 하기 위한 삶'(9절)을 만들어 냅니다. 소망이 가득한 믿음은 이 땅을 위해 살지 않고 '하나님을 위해 살아가게'(13절) 합니다. 이 믿음은 그리스도 안에서 새로운 피조물이 된 자에게 있으며(17절), 그리스도로 말미암아 하나님과 화목하게 된 자에게 있습니다(18-19절). 이 믿음을 가진 자는 하나님과 함께 죄와 싸우고, 온갖 고난 속에서 하나님의 도우심을 구하며, 그리스도를 구원자로 믿습니다.

출애굽기 18장은 국가의 기초가 형성되는 과정을 보여 줍니다. 모세의 장인인 이드로가 딸과 손자들을 데리고 찾아옵니다. 모세는 그에게 하나님께서 행하신 모든 일을 말합니다. 미디안의 제사장이었던 그가 '여호와는 모든 신보다 크다'(11절)고 고백합니다. 하나님께서 10개의 재앙으로 애굽을 치신 효과가 나타나고 있습니다. 애굽과 이스라엘, 그리고 온 세상이 여호와만 하나님이시라는 사실을 알게 된 것입니다. 그러나 정작 이스라엘의 제도는 주먹구구였습니다. 모든 재판을 모세 혼자 감당하는 것을 본 이드로는 자신의 지혜를 나눠 줍니다. 천부장, 백부장, 오십부장, 십부장을 세워서 그 일을 나누라는 것입니다. 하나님은 일반인의 지혜를 통해 국가의 기초를 세우셨습니다. 이 세상에도 하나님의 지혜가 얼마든지 있다는 사실을 잊어서는 안 됩니다.

욥기 36장은 이 사실을 풍성하게 증거합니다. 27-33절은 모든 자연 현상이 하나님의 손바닥 안에서 일어남을 강하게 주장합니다. 그러므로 자연 현상 속에서도 우리는 하나님의 지혜를 발견할 수 있습니다. 엘리후는 악의 존재마저도 하나님의 지혜를 전한다고 설교하는데, 하나님은 '악인을 살려 두지 아니하시며 고난 받는 자에게 공의를 베푸시는 분'(6절), '그들의 귀를 열어 교훈을 듣게 하시며 명하여 죄악에서 돌이키게 하시는 분'(10절)이라고 합니다. 다시 말해서, 악의 존재는 하나님의 공의와 긍휼을 동시에 보여 주는 장치입니다. 그러므로 환난을 당하는 자기 감정에 치우치지 말고 항상 조심해야 합니다. 하나님께서 인생 가운데 베푸시는 지혜가 무엇일지 신중하게 생각해 봐야 합니다.

누가복음 21장은 악의 최후를 알려 줍니다. 예수님은 과부 이야기를 통해서 예루살렘성전에서 행하고 있던 착취를 폭로하십니다. 또한 성전과 예루살렘이 끝내 멸망당할 것이라고 예언합니다. 위선과 착취와 억압으로 일관하던 예루살렘성전의 멸망은 이 세상의 멸망을 미리 보여 주는 모형입니다. 우리가 알 수 없는 하나님의 신비로운 경륜 속에서 악은 이 땅 위에 존속하고 있지만, 결국 모든 악은 심판을 받습니다. 25절 이하에서 예수님은 그때의 징조를 미리 말씀해 주셔서 사람들이 대비할 수 있게 하십니다. 스스로 조심해야 합니다. 그렇지 않으면 방탕함과 술취함과 생활의 염려로 마음이 둔하여지고 뜻밖에 그날이 덫과 같이 임할 것입니다(34절).

고린도후서 6장은 그런 의미에서, 지금이 바로 '은혜 받을 만한 때요 구원의 날'(2절)이라고 말합니다. 바울은 그날을 성실하게 사는 모범을 보여 줍니다. 하나님의 구원을 전하는 삶입니다. 그는 이 직분 위에 서서 참으로 신실하게 살아갑니다. 때로는 환난이 오고, 때로는 아픔이 오고, 때로는 매질을 당해도, 끝까지 그 일을 감당합니다. 세상에서 볼 때 그와 같은 삶이 '무명하고 죽은 것 같고 근심하는 것 같으며 가난한 것 같지만 하나님 나라에서 볼 때는 유명하고 살아 있고 기뻐하며 많은 사람을 부요하게 하는 삶'(9-10절)입니다. 출애굽기 18장에서 보였던 그 작은 하나님 나라가 거짓된 성전을 지나 그리스도 안에서 참된 하나님 나라로 임한 것입니다. '우리는 살아 계신 하나님의 성전입니다'(16절).

출애굽기 19장은 하나님께서 이스라엘 백성들과 언약 맺을 준비를 하시는 장면입니다. 하나님은 이스라엘 백성을 '독수리 날개로 업어 내게로 인도하였다'(4절)라고 말씀하십니다. 하나님과 언약을 맺어서 그 거룩한 백성이 되면 그들은 항상 하나님의 돌보심을 받게 됩니다. 언약의 핵심은 '거룩함'입니다. 하나님은 거룩함을 강조하시기 위해 백성들에게 옷을 빨게 하고 하나님의 산에 오르지 못하게 하십니다. 언약 백성이 된다는 것은 두 가지를 뜻합니다. 하나님의 사랑을 입는 것과 동시에 하나님 앞에서 거룩해야 한다는 것입니다. 하나님의 산에는 우레와 번개가 있었습니다. 이스라엘 백성들에게 거룩함을 가르치기 위한 하나님의 시청각 교육입니다. 하나님은 고대인들이 두려워하던 천둥과 번개로 자신의 위엄을 종종 드러내십니다.

욥기 37장에서 엘리후도 비슷한 방식으로 하나님의 위엄을 소개합니다. '하나님의 음성은 천둥과 같고 번개와 같다'(1-4절)라고 말합니다. 또한 하나님은 자연법칙을 통치하십니다(5-13절). 그러므로 엘리후는 욥에게 "듣고 가만히 서서 하나님의 오묘한 일을 깨달으라"(14절)고 충고합니다. 사람은 하나님께서 하시는 일을 알 수 없기 때문입니다.

누가복음 22장에는 하나님의 지혜가 절정을 이루는 장면이 나옵니다. 예수 그리스도의 고난입니다. 왕이신 예수님께서 죄인처럼 고난을 당하십니다. 그분은 마치 유월절의 어린양처럼 아무 말씀도 없이 온갖 모욕을 당하십니다. 유월절 만찬은 그것을 상징합니다. 예수님은 마지막으로 제자들에게 이런저런 교훈을 주십니다. 감람산 기도 이후 드디어 예수님께서 체포당하십니다. 대제사장의 집에 끌려온 예수님은 희롱과 매질을 당하십니다. 대제사장과 장로들은 예수님을 잡아 죽이기 위해 증거를 만들어 내고, 베드로는 끝내 예수님을 부인합니다. 세상적인 눈으로 보면, 그렇게 나약할 수 없고 그렇게 미련할 수 없습니다. 사람들을 규합하여 대적을 하든지 논리적으로 대응을 하든지 하면 될 텐데 도대체 왜 아무 말씀도 하지 않고 계신 것일까요? 그러나 이 나약하고 미련해 보이는 방법이 사실은 하나님의 지혜입니다. 이 방법을 통해 죄와 죽음을 정복하셨기 때문입니다.

나약하고 미련해 보이는 복음을 만난 사람은 어떻게 살까요? 힘과 권력과 물질을 '위해', 돈과 평판과 명예를 '통해' 살아갈까요? 복음을 만난 사람은 예수님과 동일한 방식으로 살게 됩니다. 바울은 **고린도후서 7장**에서 그와 같은 삶을 강조합니다. 힘과 돈과 평판에 물들어 있었던 고린도교회는 십자가 복음의 의미가 무엇인지를 몰랐습니다. 심지어 그들은 나약해 보이는 바울 일행을 비난하기도 했습니다. 그러나 바울은 고린도교회에게 복음으로 산다는 것이 무엇인지를 계속하여 가르칩니다. 결국, 그들은 '근심함으로 회개함에 이르렀습니다'(9절). 바울이 첫 번째 편지에서 끈질기게 말한 교훈이 효과를 발휘한 것입니다. 바울은 이것이 자신의 위로요 자랑이라고 말합니다. 복음의 의미가 무엇인지를 잘 알아야 합니다. 또한 그 복음의 의미대로 사는 것이 무엇인지도 잘 알아야 합니다. 그리스도를 믿는 그리스도인이면서 그리스도와 전혀 다른 방식으로 살 수는 없습니다.

3월 March 09

출애굽기20장 • 누가복음23장 • 욥기38장 • 고린도후서8장

출애굽기 20장에는 하나님께서 주시는 언약의 말씀이 나옵니다. 소위 말하는 '십계명'입니다. 십계명은 이스라엘 백성들을 제한하고자 하는 목적으로 주어지지 않았습니다. 그들을 제사장 나라로 삼고 거룩한 백성이 되도록 하시기 위해서입니다(19:6). 쉽게 말해, 그들의 행복을 위해서 주신 것입니다. 하나님 사랑의 계명과 이웃 사랑의 계명으로 나누어진 이 십계명을 성실하게 지킬 때, 백성들은 거룩하신 하나님과 교제를 나눌 수 있습니다. 하나님께 가까이 나아가는 자는 하나님께서 베푸시는 은혜와 복을 받습니다. 그렇기에 십계명은 백성들의 행복을 위한 것입니다. 십계명이 가르치고 있듯이, 우리는 하나님께 제멋대로 다가설 수 있는 존재가 아닙니다. 하나님이 마음에 든다고 아무렇게나 나갈 수 있고, 하나님이 좋다고 자기 소견에 옳은 대로 예배 드릴 수 있는 것도 아닙니다. 하나님은 당신에게 나오는 자들은 모두 당신의 방식을 따라야 한다고 가르치십니다. 은, 금 등으로 신상을 만들어서도 안 되고, 다듬은 돌로 제단을 쌓아서도 안 됩니다(23-26절). 미신을 좋아하는 사람들의 종교성을 부추길 위험이 크기 때문입니다.

욥기 38장에 나타나신 하나님은 다시 한 번 당신의 크고 광대하심을 설명하십니다. 폭풍우 속에서 말씀하시는 하나님은 욥에게 아무것도 변명하시지 않습니다. 오직 당신의 주권과 섭리를 가르치실 뿐입니다. 하나님은 땅의 기초를 놓으시고, 바다와 구름을 만드시며, 아침과 밤을 명령하시는 분입니다. 우박과 홍수와 얼음을 만드시는 분이고, 묘성과 별자리와 북두성을 이끄시는 분입니다. 하나님은 우리가 상상할 수도 없는 방법으로

모든 생물들을 먹여 살리시는 분입니다. 하나님은 우리가 이해할 수 없는 방법으로 온 세상을 통치하시는 분입니다. 정의와 인생과 상식을 논하던 욥에게 하나님은 '네가 감히 그것을 논할 수 있는 존재냐'고 물으시는 것입니다. 최고의 신앙은 자신의 생각과 방법을 버리고 하나님의 생각과 방법을 따르는 것입니다.

누가복음 23장에 나오는 십자가의 복음이 바로 그것을 요구합니다. 십자가의 복음은 우선적으로 우리의 믿음을 요구합니다. 그것은 정의와 인생과 상식에 근거한 복음이 아닙니다. 십자가의 복음은 하나님의 생각과 방법에서 나온 것입니다. 그러므로 우리는 믿음 안에서 이 사건을 읽어야 합니다. '빌라도의 법정, 바라바를 달라고 외치는 무리, 골고다 언덕, 십자가 처형, 그리스도의 죽음과 장례' 등을 믿음의 눈으로 읽고 해석해야 한다는 것입니다. 그럴 때 믿음 안에서 이 모든 사건들이 하나의 복음으로 모이게 되고, 그것이 우리의 마음과 삶을 송두리째 바꾸어 놓을 수 있습니다.

고린도후서 8장은 마음과 삶이 송두리째 바뀐 사람들이 할 수 있는 일 하나를 가르칩니다. '헌금'입니다. 지금도 그렇지만, 당시에는 교회에 돈을 내는 일이 쉽지 않았습니다. 성도 대부분이 가난했기 때문입니다. 그러나 복음을 만난 사람들은 항상 자신이 빚진 자라는 생각을 갖고 삽니다. 결코 이기적이지 않습니다. 자신보다 더 가난하고 더 힘든 사람들을 항상 생각합니다. 그런 의미에서 바울은 고린도교회가 예루살렘교회를 위해 드린 헌금을 높게 평가합니다. 그것이 십자가 복음으로 살아가는 방식이기 때문입니다. "우리 주 예수 그리스도의 은혜를 너희가 알거니와 부요하신 이로서 너희를 위하여 가난하게 되심은 그의 가난함으로 말미암아 너희를 부요하게 하려 하심이라"(9절).

출애굽기 21장은 언약의 구체적인 율법들을 가르칩니다. 여기에는 '일곱째 해에는 노예를 풀어 주는 법', '반드시 사형에 처해야 하는 법', '상해를 입었을 때 처리하는 법' 등이 있습니다. 이와 같은 법들은 크게 두 가지 특징이 있습니다. 자비와 공의입니다. 먼저, 이 법들은 상당히 공정합니다. 하나님은 무질서하거나 불의하신 분이 아닙니다. 잘못에 대해 형벌을 내리는 것은 사회를 유지하고 정의를 세우기 위해 꼭 필요합니다. 동시에 이 법들 속에는 자비가 있습니다. 하나님은 그저 의로우신 분이 아니라 의로우시고 자비로우신 분입니다. 질서를 세우시면서도 그 안에 자비의 법을 심으셔서 약하고 억울한 자를 보호하려 하십니다. 우리는 율법 안에 계시된 두 가지, 곧 정의와 자비가 하나님의 성품임을 이해해야 합니다. 하나님은 질서를 세우시되 사랑이 풍성하시고, 정의를 지키시되 자비를 베푸십니다.

욥기 39장은 세상 섭리 속에 들어가 있는 이 두 가지, 곧 정의와 자비를 소개하고 있습니다. 하나님은 계속하여 욥에게 질문을 던지십니다. '산 염소, 들나귀, 들소, 타조, 말, 매, 독수리' 등을 예로 드시면서, 그들의 삶이 어떻게 이루어지고 있는지를 아냐고 물으십니다. 이 질문은 '도대체 하나님께서 내 인생을 왜 이렇게 다루시고 있는지 모르겠다'는 욥의 질문에 대한 답변입니다. '미천한 동물들의 삶조차도 이렇게 섬세히 돌보는데, 하물며 너일까 보냐'는 질문 겸 답변인 것입니다. 하나님은 모든 것을 질서 있게 다스리십니다. 또한 모든 것을 사랑으로 통치하십니다. 어리석은 우리 눈에는 보이지 않을지라도 하나님의 운영에는 항상 질서와 사랑이 충만합니다. 일반 은총의 세상만 그렇게 다스리시는 것이 아닙니다. 특별 은총의 세상도 질서와 사랑으로 통치하십니다.

누가복음 24장은 그것을 잘 보여 줍니다. 예수님께서 부활하십니다. 이후 엠마오로 가는 제자들과 동행하셔서 '성경'을 풀어 가르치십니다. 제자들 앞에 다시 나타나셨을 때도 '성경'을 풀어 가르치십니다. '모세의 율법과 선지자의 글과 시편이 모두 예수님을 가리킨다'(27, 44절)는 것이 주된 설명이었습니다. 하나님은 오래전부터 구속의 역사를 이끌어 오셨습니다. 이 역사는 매우 질서정연했습니다. 아담으로부터 시작하여 수많은 족장과 왕들과 선지자들을 거쳐 그리스도에게까지 이어진 것입니다. 이 질서의 끝에는 사랑이 있습니다. 그리스도의 십자가 복음은 하나님의 성품이 반영된 것이기에, 이 복음 안에는 자비와 정의, 사랑과 질서가 교차됩니다.

고린도후서 9장은 복음으로 사는 삶 중에 특별히 자비의 삶을 보여 줍니다. 바울은 계속해서 고린도교회의 헌금을 높여 주고 있습니다. "그가 흩어 가난한 자들에게 주었으니 그의 의가 영원토록 있느니라"(9절)는 시편 말씀을 인용하면서 자비 사역이 얼마나 중요한지를 가르칩니다. 물론, 이 일을 억지로 하거나 인색함으로 해서는 안 됩니다. 마음속에 즐거움이 있어야 합니다. 그러나 자비 사역이 성도의 의무임도 잊지 말아야 합니다. 또한 하나님께 영광을 돌리는 일임을 잊지 말아야 합니다. 자비 사역은 복음에 합당한 삶입니다.

출애굽기 22장에도 구체적인 율법들이 나옵니다. '재산에 손해를 입혔을 경우, 우상 숭배의 죄를 지었을 경우, 약자들을 대우하는 경우, 거룩한 의무에 관한 경우' 등입니다. 이 율법들은 자비, 다양한 정황을 고려한 배려, 거룩을 지키기 위한 단호함 등의 특징이 있습니다. 먼저, 약자들을 위해 자비를 베풀어야 하는 법을 말씀하십니다. 나그네, 과부, 고아, 가난한 자 등입니다. 하나님은 자비로우시기 때문에(27절) 우리는 그분을 닮아 가야 합니다. 둘째, 하나님은 다양한 정황 속에서의 재산상의 손해를 다루십니다. 한 가지 경우가 아니라 여러 경우가 있을 것을 가정하여 말씀하시는 하나님의 섬세함은 우리를 향한 배려입니다. 셋째, 우상 숭배나 불경건한 모든 행동에 대해서 하나님은 매우 단호하게 말씀하십니다. 거룩함이 없는 배려나 사랑은 하나님의 것이 아닙니다. 배려를 빙자하여 우상 숭배를 허용하거나 사랑을 빌미로 불경건한 행위를 수용해서는 안 된다는 것입니다.

욥기 40장은 하나님께서 욥에게 최초로 답변하시는 장면입니다. 지금까지 하나님은 우주의 법칙들이 어떻게 움직이는지 말씀하셨는데, 이제는 그것을 욥에게 구체적으로 적용하십니다. 특히, 하나님께서 말씀하시고자 하는 것은 바로 이것입니다. "네가 내 공의를 부인하려느냐 네 의를 세우려고 나를 악하다 하겠느냐 네가 하나님처럼 능력이 있느냐 하나님처럼 천둥 소리를 내겠느냐"(8-9절). 세 친구들과의 논쟁에서 가장 잘못한 것은 서로 '정의와 능력'을 지닌 것처럼 말했다는 점입니다. 세 친구들은 마치 자신들이 모든 것을 파악한 것처럼 말했고, 욥은 정의가 사라진 것처럼 말했습니다. 이것은 하나님의 주권적인 섭리를 불신하는 것으로 하나님에 대한 불신이기도 합니다. 그러므로 하나님은 욥이 이해할 수 없는 수많은 일들을 말씀하셔서 당신의 주권적인 섭리와 지혜와 능력을 웅변하십니다. 욥은 이미 들을 준비가 되어 있었습니다. "보소서 나는 비천하오니 무엇이라 주께 대답하리이까 손으로 내 입을 가릴 뿐이로소이다"(4절).

요한복음 1장은 하나님의 주권적인 섭리와 지혜와 능력을 선포하면서 시작합니다. '태초에 말씀이 계시니라 이 말씀이 하나님과 함께 계셨으니 이 말씀은 곧 하나님이시라'(1절). 이해할 수 없는 신비가 선포됩니다. 하지만 이 신비는 곧장 설명됩니다. 이 말씀은 빛이요 생명입니다. 참 빛 곧 세상에 와서 각 사람에게 비추는 빛을 영접하는 자는 하나님의 자녀가 됩니다. 이 말씀, 빛, 생명은 예수 그리스도입니다. 다른 복음서와 달리 요한은 그리스도에 관한 진리를 설명한 후에 그리스도 사건을 다룹니다. '세례 요한에게 세례를 받으시는 예수님, 제자들을 택하시는 예수님' 등입니다. 빛과 생명이 드디어 이 세상에 전해진 것입니다.

고린도후서 10장은 바울의 자기 변호가 나옵니다. 고린도교회에는 바울을 비난하는 세력들이 있었습니다. 그들은 바울의 외모를 지적하고, 글은 좋은데 말은 시원치 않다고 악담을 했습니다. 이에 대해 바울은 스스로를 자랑하는 그들의 오류를 폭로합니다. "우리는 자기를 칭찬하는 어떤 자와 더불어 감히 짝하며 비교할 수 없노라"(12절). "우리는 분수 이상의 자랑을 하지 않고"(13절). 자신이 가지고 있는 경력과 실력을 자랑하는 것은 거짓 교사의 특징입니다. 그것을 좋아하는 것도 거짓 성도의 특징입니다. 우리가 자랑할 것은 '주'(17절) 외에는 없으며, '오직 주께서 칭찬하시는 자만이 참으로 옳은 자'(18절)일 뿐입니다. 하나님의 주권과 지혜와 능력을 참으로 받드는 자는 겸손합니다.

출애굽기23장 • 요한복음2장 • 욥기41장 • 고린도후서11장

출애굽기 23장도 율법의 세부적인 조항들을 설명합니다. '거짓 증언을 해서는 안 된다는 것, 원수의 재산도 소중히 하라는 것, 공평한 재판을 해야 한다는 것, 안식년을 지켜야 한다는 것, 무교절(유월절), 맥추절, 수장절을 지켜야 한다는 것' 등입니다. 율법의 세부적인 조항에는 자비와 공평과 배려가 있습니다. 특히, 23장은 이스라엘 백성들이 가나안에 들어갔을 때 어떻게 해야 하는지를 가르칩니다. 가나안의 신을 다 부수어야 하고, 그 족속들을 쫓아내야 하며, 그들의 신과 언약을 맺어서는 안 됩니다. 그렇게 하지 않으면 그것이 그들의 올무가 될 것이라고 말씀하십니다. 거룩함을 훼방하는 것은 단호히 거절해야 합니다. 조금이라도 허용하면 누룩처럼 퍼지기 때문입니다. 이것이 자기 삶 속에, 그리고 교회 속에 있는 '가나안'을 몰아내야 하는 이유입니다.

고린도후서 11장에서 바울은 이것을 잘 가르치고 있습니다. 고린도교회 안에는 거짓 교사들이 있었습니다. 이들의 가르침은 치명적이었는데, 사람들의 왜곡된 본능을 자극하기 때문입니다. 그들은 광명한 천사와 같이(13절) 매우 친절하고 선해 보입니다. 그들은 사람들에게 끊임없이 인정을 받으려고 합니다. 항상 기고만장하고 자신들의 실력을 과시합니다(12절). 그들은 바울이 '약하고 부족하다'고 공격했는데, 바울은 육신을 따라 자랑하면 자신에게도 자랑할 것이 있다고 말합니다. 하지만 바울은 "부득불 자랑할진대 내가 약한 것을 자랑"(30절)하겠다고 합니다. 다른 사람보다 많이 안다고 잘난 척해서는 안 됩니다. 다른 사람보다 뛰어난 부분이 있다고 거만해져서는 안 됩니다. 실력과 경력을 가지고 목사와 교회를 비교해서도 안 됩니다. 만약 마음속에 그와 같은 것들이 숨어 있다면, 그는 바울이 지적하고 있는 '거짓 교훈'을 은밀히 받아들인 것입니다. 자랑하고자 한다면 우리 주님만 자랑해야 합니다.

요한복음 2장은 우리 주님이 어떤 분이신지를 묘사합니다. 우리 주 예수님은 우리에게 즐거움을 주시는 분입니다. 혼인 잔치에 포도주가 끊겼습니다. 기쁨의 잔치가 사라질 위기에 처했습니다. 그때 예수님께서 물을 포도주로 만드셔서 기쁨의 잔치가 계속되도록 하셨습니다. 예수님께 붙어 있으면 항상 기쁨이 있고, 열매가 있으며, 풍요가 있습니다. 기쁨과 열매와 풍요는 내 것이 아니고 예수님으로부터 나온 것입니다. 그러므로 예수님만 우리의 자랑이 됩니다. 동시에 예수님은 거룩하신 분입니다. 거룩한 주님의 전이 장사하는 집으로 변하자 그 모든 것을 엎어 버리셨습니다. 성전 안에 있는 '가나안'을 몰아내신 것입니다.

욥기 41장에서 하나님은 '리워야단'이라는 존재의 강력함을 설명하십니다. 말씀하시는 의도는 분명합니다. 리워야단에도 맞설 수 없는 자들이 감히 그것을 창조한 자와 어찌 맞설 수 있겠냐는 것입니다. 하나님 앞에서는 높은 자들이 낮아지고 교만한 자들이 엎드러집니다(34절). 하나님은 교만한 자들을 가장 싫어하십니다. 자신의 지혜와 능력과 실력을 자랑하는 자들은 사실 하나님을 대적하는 것입니다. 심지어 그 지혜와 능력과 실력이 신앙적인 것이라 해도 그렇습니다. 교만하여 자랑하는 자들은 본성을 의지하는 것이지 복음을 의지하는 것이 아닙니다.

3월 March **13** 출애굽기24장 • 요한복음3장 • 욥기42장 • 고린도후서12장

출애굽기 24장은 언약 체결식입니다. 하나님과 이스라엘 백성들이 언약을 맺는데, 모세가 중보자입니다. 하나님께서 모든 말씀과 율례를 모세에게 전하십니다. 모세는 이스라엘 백성에게 그것을 전합니다. 이스라엘 백성들은 한목소리로 응답합니다. 이 언약의 중심에는 '언약의 피'(8절)가 있습니다. 하나님과 이스라엘 백성들을 묶어 주는 생명의 피입니다. 성경에서 나오는 언약의 실체는 예수 그리스도입니다. 모든 언약은 그리스도를 중심으로 모입니다. 언약의 피는 그리스도께서 십자가에서 흘리신 피를 의미합니다. 우리를 위해 완전한 희생제물이 되신 그리스도는 자신의 피로 하나님과 우리를 결코 끊어지지 않는 관계로 묶어 주십니다. 그리스도 안에서 우리는 하나님과 영원한 언약 백성이 됩니다.

요한복음 3장에서 예수님은 구약의 실체가 되심을 말씀하십니다. "모세가 광야에서 뱀을 든 것같이 인자도 들려야 하리니 이는 그를 믿는 자마다 영생을 얻게 하려 하심이니라"(14-15절). 예수님은 니고데모와 대화하시는 중에 거듭나지 않으면 하나님 나라에 들어갈 수 없다고 말씀하십니다. 그리고 그리스도를 믿는 것만이 새로운 생명을 얻는 유일한 방법이라고 말씀하십니다. 이것은 요한복음이 끊임없이 강조하는 바입니다. 그리스도 안에 영생이 있습니다. 아들을 믿는 자만이 영생을 얻습니다. 그리스도 안에 완전한 복이 있습니다.

욥기 42장에서 욥은 하나님 앞에 진심으로 회개합니다. 하나님을 지식적으로 논하던 것을 회개하고 더욱 겸비한 마음으로 엎드립니다. 하나님

께서는 욥의 회개와 믿음을 받아 주시고, 그에게 더욱 풍성한 복을 허락하십니다. 욥기가 주는 메시지는 분명합니다. 삶은 복잡하고 때로는 고통스럽지만, 모든 것은 하나님의 주권과 지혜와 능력 속에서 이루어진다는 것입니다. 그것이 우리 눈에는 보이지 않아도 믿음의 눈을 들어 볼 수 있어야 합니다. 하나님을 믿는 자들은 하나님으로부터 오는 온갖 좋은 것들, 곧 복을 받아 누립니다.

고린도후서 12장에서 바울은 이 원리를 잘 설명합니다. 거짓 교사들은 오로지 눈에 보이는 이득을 위해 살았습니다. 그들에게는 보이는 것이 전부였습니다. 지식, 건강, 돈, 성공 등 보이는 것을 의지하여 참된 교훈을 가르치고자 했습니다. 반면에 바울은 보이지 않는 요소, 곧 믿음을 의지하여 참된 교훈을 설명합니다. 바울은 거짓 교사들의 공격에 반박하기 위해 '부득불 주의 환상과 계시를 자랑'(1절)하지만, 그가 진정으로 자랑하고 싶은 것은 그것이 아니었습니다. 그는 "나의 여러 약한 것들에 대하여 자랑하리니 이는 그리스도의 능력이 내게 머물게 하려 함이라"(9절)고 말합니다. 믿음의 눈을 가지고 있었던 바울은 보이는 것들을 의지하지 않았습니다. 그는 그리스도를 믿는 믿음에 모든 것을 걸었습니다. 요한복음에서 말하는 것처럼 그리스도 안에 생명이 있기 때문입니다. 욥기에서 말하고 있는 것처럼 그 믿음이 하늘로부터 오는 온갖 좋은 복들을 가져다주기 때문입니다. "다툼과 시기와 분냄과 당 짓는 것과 비방과 수군거림과 거만함과 혼란"(20절)은 거짓 교훈을 따를 때 찾아오는 것들입니다. 믿음 안에서 자기 자신을 낮추고 회개하는 자에게 복이 있습니다.

출애굽기 25장부터는 성막 건축에 관한 내용이 나옵니다. 하나님은 이스라엘 백성들에게 성막 건축을 위한 예물을 가져오라고 말씀하십니다. 이후 언약궤와 진설병 상과 등잔대 등을 만드는 방법을 구체적으로 알려 주십니다. 어떤 사람은 지나치게 상세하다고 생각할 수 있습니다. 만드는 방법 정도는 맡겨 주셔도 되는데 너무 꼼꼼한 것이 아니냐는 것입니다. 그러나 우리는 이 성막이 하나님께서 거하시는 처소라는 점을 기억해야 합니다. 하나님은 사람들이 원할 때, 원하는 방법으로, 원하는 것을 바치면서 만날 수 있는 분이 아니십니다. 하나님은 거룩하신 분입니다. 하나님은 자신의 거룩함을 가르치시기 위해 당신이 원하시는 방법과 제물을 꼼꼼하게 말씀하십니다. 이것을 통해 사람들은 하나님을 향한 매우 진지하고 신중한 자세를 배우게 됩니다.

잠언 1장은 하나님을 향한 매우 진지하고 신중한 자세를 '하나님을 경외하는 것'(7절)으로 정의합니다. 하나님을 향한 매우 진지하고 신중한 자세를 가진 사람은 그분의 말씀을 잘 듣습니다. 이것이 곧 '지혜'입니다. 잠언의 저자는 하나님을 경외함으로 지혜의 말씀을 신중하게 잘 듣는 것이 얼마나 중요한지를 가르칩니다. 그러기 위해서는 악한 자의 꾀는 소리를 분별해야 합니다. 꾀는 소리는 유혹적이고 매력적이기 때문에 자칫하면 쉽게 넘어갈 수 있습니다. 반면에 지혜의 소리는 본성을 거스릅니다. "나의 책망을 듣고 돌이키라"(23절). 지혜의 소리는 우리의 거짓과 게으름과 아둔함을 책망합니다. 그래서 대부분의 사람들은 그 소리를 듣기 싫어하고 외면하며 거부합니다. 그러나 하나님을 경외하는 마음으로 지혜의 소리를 열심히 듣는 자는 복을 얻습니다. "오직 내 말을 듣는 자는 평안히 살며 재앙의 두려움이 없이 안전하리라"(33절).

요한복음 4장은 지혜의 소리를 잘 들음으로 인생이 뒤바뀐 한 여인의 이야기로 시작합니다. 사마리아성의 여인입니다. 예수님은 이 여인에게 참된 생명수, 참된 예배, 참된 메시아를 가르치십니다. 이 여인은 예수님의 말씀을 잘 듣고 삶을 돌이킵니다. 마을로 들어가서 사마리아인들에게 예수님을 전파합니다. 예수님의 말씀을 들은 사마리아 사람들이 그분을 믿게 됩니다. "이제 우리가 믿는 것은 네 말로 인함이 아니니 이는 우리가 친히 듣고 그가 참으로 세상의 구주신 줄 앎이라"(42절). 그리스도를 진지하게 대하는 사람은 구원을 얻습니다. 그리스도에 관한 이야기, 곧 그리스도의 복음을 신중하게 듣는 사람은 구원을 받습니다. 제멋대로의 믿음이 아니라 성경이 말하는 믿음을 얻기 위해 진정으로 '듣는 자'들이 되시기 바랍니다.

고린도후서 13장에서 바울은 고린도교회 성도들에게 참된 믿음을 권면하면서 편지를 마무리하고 있습니다. 참된 믿음은 하나님께서 정하신 것을 기뻐하는 것입니다. '그리스도께서 약하심으로 십자가에 못 박히셨으나 하나님의 능력으로 살아나신 것'(4절)을 받아들이는 것입니다. 또한 '우리도 약하나 하나님의 능력으로 그리스도와 함께 살 것'(4절)을 믿는 것입니다. 그러므로 우리는 하나님께서 정하신 것에 기초하여서 우리가 참된 믿음 안에 있는지를 시험하고 확증할 필요가 있습니다(5절). 믿음은 자기 소견에 옳은 대로 행하는 것이 아니라 하나님께서 정하신 대로 믿는 것입니다.

3월 March 15

출애굽기26장 • 요한복음5장 • 잠언2장 • 갈라디아서1장

출애굽기 26장은 성막 제작과 관련된 지침들입니다. 크게 '성막을 덮는 휘장들', '성막의 기둥들', '안쪽의 휘장', '외부의 휘장'에 관한 지침이 나옵니다. 성막의 설계도는 매우 균형이 있고 질서가 있습니다. 그래서 많은 학자들이 성막의 설계도가 창조의 설계도와 유사하다고 봅니다. 하나님께서는 천지를 창조하실 때 질서와 균형 속에서 당신의 지혜를 발휘하셨듯이 성막을 건축하실 때도 그렇게 하셨습니다. 특히, 성막은 에덴이 실패한 하나님의 임재를 복원하는 건축물입니다. 하나님은 성막 안에 임재하시기로 약속하셨고, 그렇기에 성막과 그 도구들은 구원을 나타내는 상징으로 가득합니다.

요한복음 5장은 에덴과 성막, 그리고 성전으로 이어지는 '하나님의 임재'를 다룹니다. 성전은 예수 그리스도입니다. 그리스도는 참 성전으로 이 땅에 오신 하나님, 곧 임마누엘이 되십니다. 또한 그리스도를 믿는 자들은 누구나 하나님과 함께할 수 있습니다. 요한은 몇 가지 사건을 통해 예수님의 그리스도 되심을 증거합니다. 38년 된 병자를 치유하신 일, 그리고 안식일 논쟁을 통해 그리스도 되심을 증거합니다. 특히, 예수님은 하나님과 당신의 관계를 아버지와 아들로 설명하십니다. 아들은 아버지의 생명을 갖고 있습니다(26절). 아들은 아버지의 뜻대로 합니다(30절). 아버지께서 친히 아들을 증언하십니다(37절). 그러므로 아들 예수 그리스도를 믿는 자는 구원을 얻습니다. 즉, 하나님의 거룩하신 임재를 누리게 됩니다.

갈라디아서 1장은 그리스도의 복음을 위협하는 거짓 복음에 대한 경계로 시작합니다. 복음은 하나님의 작품으로 하나님께서 정하신 대로 전해져야 합니다. 이것 외에 다른 것은 거짓 복음일 뿐입니다. "다른 복음은 없나니 다만 어떤 사람들이 너희를 교란하여 그리스도의 복음을 변하게 하려 함이라"(7절). 그리스도의 복음은 그리스도께서 우리를 위하여 죽으시고 살아나셨다는 소식입니다. 이것이 전부입니다. 우리는 그것을 믿음으로 구원을 얻습니다. 그러나 거짓 복음을 전하는 교사들은 그리스도의 복음을 거부합니다. 바울이 전한 복음은 부족한 복음이라는 것입니다. 그래서 끊임없이 바울을 걸고 넘어집니다. 바울이 받은 복음은 사람이 만든 복음이고, 바울은 사도가 아니며, 바울은 이방인들을 위해 복음을 왜곡하였다고 주장합니다. 바울은 이 모든 것이 사실이 아니라고 설명합니다. 출애굽기 26장의 성막, 요한복음 5장의 예수 그리스도, 그리고 갈라디아서 1장의 바울이 전한 복음까지 우리는 하나님께서 정하신 대로 믿는 것이 얼마나 중요한지를 봅니다. 하나님께서 정하신 것에서 벗어난 것이 '다른 복음'입니다. 다른 복음에 사로잡히지 않으려면 정말 잘 들어야 합니다.

잠언 2장은 계속하여 지혜에 관한 이야기를 전합니다. 지혜의 소리를 들어야 합니다. 지혜를 들을 때 비로소 생명이 발생합니다. 그냥 들어서는 안 됩니다. '말을 받으며 계명을 간직하며 귀를 지혜에 기울이며 마음을 명철에 두며 지식을 불러 구하며 명철을 얻으려고 소리를 높이며'(1–3절) 들어야 합니다. 하나님께서 주시는 지혜를 얻은 사람은 하나님의 보호를 받습니다. 하나님께서 선한 길로 인도하십니다. 악인의 길로 가지 않게 하시고 패역을 말하는 자에게서 건져 내 주십니다.

3월 March 16

출애굽기27장 • 요한복음6장 • 잠언3장 • 갈라디아서2장

출애굽기 27장에는 제단, 성막의 뜰, 등불에 관한 지침이 나옵니다. 제단은 일반적으로 번제단인데, 성막 안뜰에서 매일 아침저녁으로 숫양 한 마리를 제물로 태웠기 때문에 '번제단'으로 불렸습니다. 제단을 쌓고 제물을 드리는 것은 가장 중요한 일이었습니다. 여기에는 감사의 의미, 속죄의 의미, 간구의 의미 등이 있습니다. 성막의 뜰은 사람이나 짐승의 침입을 방지하기 위해 울타리로 경계를 쳤습니다. 등불에는 감람으로 짠 순수한 기름을 사용하도록 하였는데, 그을음이 없는 맑은 불을 위한 조치였습니다. 이 불은 항상 켜 놓도록 했습니다. 이와 같은 지침들을 통해 우리는 '헌신', '거룩', '정결'이라는 단어를 떠올립니다. 하나님 앞에서 우리가 유지해야 할 신앙의 모습입니다.

요한복음 6장에는 광야 속 '만나' 체험을 재현하는 장면이 나옵니다. 출애굽한 이스라엘 백성들은 매일 하늘로부터 주어지는 '만나'를 먹었습니다. '만나'는 하나님께서 이스라엘 백성들을 항상 돌보신다는 상징이었고, 그것을 먹는다는 것은 이스라엘 백성들이 하나님을 항상 의지한다는 상징이었습니다. 그러므로 '만나'는 하나님의 긍휼과 이스라엘의 믿음이 만나는 지점입니다. 그런데 그 가시적인 사건을 예수님께서 재현하셨습니다. 오병이어의 기적을 체험한 이스라엘 백성들은 열광했습니다. 예수님을 왕으로 삼으려고 했는데, 예수님은 그 자리를 피하셨습니다. '그들이 찾는 것은 표적을 본 까닭이 아니요 떡을 먹고 배부른 까닭'(26절)이었기 때문입니다. 예수님은 '만나' 정도가 아니십니다. 오히려 '만나'가 예수님을 가리키는 모형입니다. 예수님은 생명의 떡이십니다. 그러므로 사람들이 주목해야 할 것은 육신의 배를 채운 떡이 아니라 영혼의 배를 채울 '그 떡을 주신 분'이어야 합니다. 요한복음이 한결같이 말하듯이, 예수님은 우리에게 생명을 주기 위해 오신 분이기 때문입니다.

갈라디아서 2장은 생명의 떡이 되시는 그리스도를 믿음으로 얻게 되는 구원을 선명하게 다룹니다. 거짓 교사들은 할례와 율법을 앞세워서 성도들을 다시 종으로 만들고자 했습니다(3-4절). 당시의 압박이 얼마나 거셌는지 베드로 등의 사도까지도 위협을 받았습니다. 바울은 베드로를 꾸짖어서 복음을 사수했는데, "사람이 의롭게 되는 것은 율법의 행위로 말미암음이 아니요 오직 예수 그리스도를 믿음으로 말미암는 줄 알므로 우리도 그리스도 예수를 믿나니 이는 우리가 율법의 행위로써가 아니고 그리스도를 믿음으로써 의롭다 함을 얻으려 함"(16절)이기 때문입니다. 그리스도께서 생명의 떡이십니다. 믿음은 그 생명의 떡을 받아먹는 것입니다. 그리스도 외에 무엇인가를 더하려는 시도는 모두 거짓 복음을 전파하는 행위일 뿐입니다.

잠언 3장은 생명의 떡을 먹은 사람들이 살아가야 하는 지혜를 가르칩니다. 인자와 진리를 마음 판에 새기고, 마음을 다해 여호와를 의지하며, 스스로 지혜롭게 여기지 말고, 모든 일에 그분을 인정해야 합니다. 무엇보다 징계를 사랑해야 합니다. 징계는 우리의 본성적인 악을 제거하고 하나님의 지혜를 얻게 합니다. 그런 의미에서 "지혜는 그 얻은 자에게 생명 나무"(18절)입니다. 신앙은 구체적이고 실천적입니다. 홀로 학습하거나 혼자서 고고한 것이 아닙니다. 마땅히 받을 만한 자에게 선을 베풀어야 하고, 이웃의 필요를 채워 주어야 합니다. 쓸데없이 다투거나 악한 자의 형통을 부러워하지도 말아야 합니다. 하나님의 지혜를 따라 하나님께서 기뻐하시는 대로 최선을 다해서 사시기 바랍니다.

3월 March 17

출애굽기28장 • 요한복음7장 • 잠언4장 • 갈라디아서3장

출애굽기 28장에는 주로 제사장의 옷에 관한 지침이 나옵니다. 제사장 옷의 핵심은 '거룩한 옷'이 되어야 한다는 것입니다. 그러기 위해서 영화롭고 아름답게 만들어야 하는데, 거룩한 옷을 입어야만 제사장 직분을 감당할 수 있기 때문입니다. 제사장 옷에는 흉패, 에봇, 겉옷, 반포 속옷, 관, 띠 등이 포함됩니다. 특히, '관'에는 금패로 '여호와께 성결'(36절)이라고 적게 하여서, 하나님의 거룩함을 모든 사람들이 보게 합니다. 하나님께서 제사장에게 거룩한 옷을 주시는 이유는 당신의 거룩함을 드러내시고자 함입니다. 뿐만 아니라 제사장들의 안전을 위해서 그렇게 하셨습니다. "아론과 그의 아들들이 회막에 들어갈 때에나 제단에 가까이하여 거룩한 곳에서 섬길 때에 그것들을 입어야 죄를 짊어진 채 죽지 아니하리니"(43절). 거룩하신 하나님께 나아가기 위해서는 거룩한 옷을 입어야 합니다. 구약의 제사장들은 제사장 옷을 입었지만, 신약의 성도들에게는 더욱 완전한 옷이 있습니다. 그리스도입니다. 그리스도를 옷 입는 자들은 하나님께 담대히 나아가 은혜를 구할 수 있습니다. 그러나 그리스도를 옷 입지 않는 자들은 죄를 짊어진 채 죽을 수밖에 없습니다.

요한복음 7장에는 그와 같은 사람들이 나옵니다. 예수님에 대한 소문이 파다하게 퍼졌습니다. 평가는 나뉘었습니다. 누군가는 좋은 사람이라 하고 누군가는 미혹하는 사람이라 했습니다. 대제사장들과 바리새인들은 예수님을 잡고자 했는데, 잡으라고 보낸 사람들까지 예수님 말씀에 감격해 버립니다. 그러나 대제사장과 바리새인들은 끝내 예수님을 믿지 않습니다. 예수님께서 "누구든지 목마르거든 내게로 와서 마시라 나를 믿는 자는 성경에 이름과 같이 그 배에서 생수의 강이 흘러나오리라"(37-38절)라고 말씀하셨지만, 그들에게 예수님은 경쟁자일 뿐이었습니다. 안타깝게도 예수님께서 승천하신 후 교회가 널리 확장되는 시대에도 유대인들은 예수님을 믿지 않았습니다. 오히려 그리스도의 복음에 유대교 신학을 섞으려 했습니다.

갈라디아서 3장에서 바울은 이것이 얼마나 위험한 시도인지를 잘 가르칩니다. 성령님은 율법의 행위로 찾아오지 않고 듣고 믿음으로 찾아오십니다(5절). 율법을 행하는 자는 율법 안에서 살아야 합니다. 율법을 통해서 의를 얻어야 합니다. 하지만 그럴 수 있는 사람이 없습니다. 그러므로 우리는 아브라함이 그렇게 하였듯이, 오직 믿음으로 살아야 합니다. 믿음이 온 후에는 더 이상 율법 아래에 매여 있을 필요가 없습니다. "너희가 다 믿음으로 말미암아 그리스도 예수 안에서 하나님의 아들이 되었으니 누구든지 그리스도와 합하기 위하여 세례를 받은 자는 그리스도로 옷 입었느니라"(26-27절). 믿음으로 그리스도 안에 있는 자들이 아브라함의 참된 자손입니다.

잠언 4장은 마음을 강조합니다. "모든 지킬 만한 것 중에 더욱 네 마음을 지키라 생명의 근원이 이에서 남이니라"(23절). 행위의 열매도 중요하지만, 행위의 뿌리는 더 중요합니다. 행위의 뿌리는 마음입니다. 정확히 말하자면, 믿음이 심어진 마음입니다. 믿음이 심어진 마음이 바로 지혜입니다. 지혜는 단순히 지식이나 정보가 아닙니다. 믿음이 심어진 마음을 굳게 지키며 그 믿음을 따라 살아가는 것이 신앙생활입니다. 복잡하게 생각하기보다는 단순히 말씀에 자신의 마음을 두고 힘써 지키는 삶을 살아 봅시다.

출애굽기 29장은 제사장 위임에 관한 지침입니다. 아론과 그의 아들들에게 제사장 옷을 입힙니다. 그리고 그들을 위해 속죄제, 화제, 요제 등을 드립니다. 제물의 머리에 안수함으로 그들의 죄가 제물에게 전가되게 하고, 제물의 피를 제사장 옷에 뿌려서 정결케 합니다. 임직식은 칠일 간 계속됩니다. 칠 일간 제단은 계속하여 거룩해야 하는데, 그 기간 동안 제단에 접촉하는 모든 것은 거룩하게 됩니다. 하나님께서 거룩함을 얼마나 중히 여기시는지 살펴볼 수 있습니다. 제사장은 하나님의 거룩함을 다루는 자들입니다. 그 누구보다 거룩해야 합니다. 다시 한 번 말하지만, 하나님께서 이스라엘 백성들에게 거룩함을 꼼꼼히 설명하시는 이유는 그것이 그들에게 복이 되기 때문입니다. 회막이 거룩하게 되고 제사장이 거룩하게 되면, '하나님께서 이스라엘 자손 중에 거하셔서 그들의 하나님이 되시기'(45절) 때문입니다.

잠언 5장은 육적인 거룩함을 강조합니다. 아버지는 아들에게 음녀를 조심하라고 경고합니다. 음녀의 유혹은 강렬하고 매혹적입니다. 그러나 그녀를 따라가면 스올에 이를 뿐입니다. 그러므로 가까이해서는 안 됩니다. "네 길을 그에게서 멀리하라 그의 집 문에도 가까이 가지 말라"(8절). 우리는 우리의 우물과 샘에서 물을 마셔야 합니다. 이 표현은 자기의 배우자에게서 성적인 기쁨을 누려야 한다는 뜻입니다. 거룩은 영육 간에 유지해야 합니다. 영혼의 순결은 육체의 정결로 이어져야 하고, 육체의 정결은 영혼의 순결로 이어져야 합니다. 요즘처럼 음란한 시대에 마음과 몸을 깨끗이 하는 성도들이 됩시다.

요한복음 8장에도 음행한 여인이 나옵니다. 서기관과 바리새인들은 음행 중에 잡힌 여자를 끌고 와서 예수님께 판결을 요구합니다. 마치 거룩함을 사수하는 것처럼 보이지만 사실 그들은 거룩함을 파괴하고 있습니다. 거룩함의 정의는 눈에 보이는 깨끗함이 아니고, 하나님께서 정하신 것을 따르는 것에 있습니다. 그런 의미에서 눈앞에 가장 거룩하신 그리스도께서 계시는데, 그리스도를 고발하려고 음모를 꾸민 그들이야말로 거룩함을 파괴하고 있는 것입니다. 예수님은 "죄 없는 자가 먼저 돌로 치라"(7절)는 말씀으로 모든 이들의 양심을 자극합니다. 물론, 음행한 여인에게도 두 번 다시 죄를 짓지 말라고 명령하십니다. 예수님이 빛입니다. 예수님의 판단이 옳습니다. 예수님 당신께서 진리이시고 생명이시고 길이십니다. 그리스도만이 우리의 의와 거룩과 구원이 되신다는 사실로 감사합시다.

갈라디아서 4장에서 바울은 종과 아들의 비유로 참된 복음을 분별합니다. 율법 아래에 있는 자는 마치 종과 같아서 어렸을 때는 후견인과 청지기 아래에 있어야 합니다. 하지만 나이가 차면 더 이상 율법 아래에 매일 필요가 없습니다. 그는 당당히 아버지의 자녀가 되어서 모든 것들을 누립니다. 복음이 온 이후 믿음이 있는 사람은 더 이상 율법의 종노릇할 필요가 없습니다. 우리의 복은 율법의 행위에 있는 것이 아니라 복음을 믿음에 있습니다. 바울은 하갈을 자유가 없는 종의 어머니로, 사라를 자유가 있는 아들의 어머니로 비유하여 설명합니다. 그리스도로 옷 입은 사람은 이제 거룩하신 하나님의 자녀가 됩니다. 그리스도께서 거룩하시기 때문에 우리는 항상 거룩하신 하나님 아버지 앞에 담대히 나아갈 수 있습니다. 그리스도를 의지하여 하나님 아버지를 즐거워하는 자가 참된 성도입니다.

3월 March 19

출애굽기30장 • 요한복음9장 • 잠언6장 • 갈라디아서5장

출애굽기 30장에는 성막에 사용되는 여러 가지 도구들이 나옵니다. '분향단', '물두멍', '향유' 등입니다. 일반적으로 향에는 두 가지 의미가 있습니다. 먼저, 구름으로 대표되는 하나님의 임재를 뜻합니다. 시내산 위에 구름으로 임하시고, 구름 기둥으로 이스라엘을 앞서 인도하신 하나님을 표현합니다. 둘째, 향은 성도들의 신앙을 뜻하기도 합니다. 그리스도의 향기를 뿜어 내는 삶을 살아야 한다는 말씀(고후 2:15), 향기로운 기도를 드려야 한다는 말씀(계 5:8) 등이 근거입니다. 그러므로 향을 끊어서는 안 된다는 말씀(8절)은 하나님의 임재와 그 앞에서 살아가는 성도들의 삶이 지속되어야 한다는 의미입니다. 물두멍은 제사장들이 제물을 드리기 전에 손을 씻는 곳으로 일종의 정결 의식을 위한 도구입니다. 향유는 거룩한 물품들을 구별하기 위한 것입니다. 성막 도구들은 모두 하나님의 거룩하심을 드러냅니다. 다시 한 번 말하지만, 하나님께서 성막의 설계도를 꼼꼼하게 지시하시는 이유는 그분께서 이스라엘 백성 가운데 거하시기 위함입니다. 성막은 성전으로 발전되었고, 성전은 예수 그리스도로 완성되었습니다. 즉, 예수님은 우리 가운데 거하시는 하나님, 곧 임마누엘이 되십니다.

요한복음 9장에는 임마누엘을 대하는 두 가지 태도가 나옵니다. 예수님은 날 때부터 맹인 된 사람의 눈을 열어 주십니다. 난리가 났습니다. 놀라고 감격하는 중에 의심하는 사람들이 나타났습니다. 바리새인들입니다. 그들은 맹인이었던 사람을 증인으로 소환합니다. 예수님의 약점을 찾으려 하는 그들에게 눈을 뜬 맹인이 말합니다. "창세 이후로 맹인으로 난 자의 눈을 뜨게 하였다 함을 듣지 못하였으니 이 사람이 하나님께로부터 오

지 아니하였으면 아무 일도 할 수 없으리이다"(32-33절). 눈을 뜬 맹인은 예수님의 제자가 되고, 바리새인들은 끝내 거부합니다. 여기서 우리는 누가 참으로 맹인인지를 고민하게 됩니다. 잠언은 이것을 지혜로운 자와 어리석은 자로 비유합니다. 어리석은 자가 어리석은 행동을 반복하는 이유는 그것이 어리석음을 모르기 때문입니다. 그들이 모르는 이유는 참된 권면을 들을 귀가 없기 때문입니다.

잠언 6장에는 지혜로운 권면들이 이어집니다. 함부로 보증하여 스스로 올무에 빠져서는 안 됩니다. 게으른 삶은 반드시 가난을 몰고 옵니다. 악한 여인, 이방 여인에게 유혹당해서는 안 됩니다. 성적인 죄를 경계해야 합니다. 특히 솔로몬은 여호와께서 미워하시는 것을 나열하는데, "교만한 눈과 거짓된 혀와 무죄한 자의 피를 흘리는 손과 악한 계교를 꾀하는 마음과 빨리 악으로 달려가는 발과 거짓을 말하는 망령된 증인과 및 형제 사이를 이간하는 자"(17-19절)입니다. 반면에 하나님께서 기뻐하시는 것은 성령의 열매입니다.

갈라디아서 5장은 행위가 복음의 일부일 수 없다고 가르칩니다. 율법의 행위로는 우리를 자유하게 만들 수 없습니다. 그러나 행위는 복음의 열매입니다. 복음을 받아들인 사람은 성령님께서 인도하시는 삶을 향해 전진합니다. "사랑과 희락과 화평과 오래 참음과 자비와 양선과 충성과 온유와 절제"(22-23절)입니다. 복음을 받아들인 사람은 육체의 일이 아니라 성령의 열매를 맺습니다. 육체의 정욕과 탐심을 따르지 않고 성령으로 살아갑니다. "복음 안에서 얻게 된 자유로 육체의 기회를 삼지 않고 오직 사랑으로 서로 종노릇합니다"(13절).

3월 20 March

출애굽기31장 • 요한복음10장 • 잠언7장 • 갈라디아서6장

출애굽기 31장에는 하나님께서 성막 건축을 담당할 사람을 지명하시는 장면이 나옵니다. 브살렐과 오홀리압입니다. 하나님은 이들을 지목하신 후에 그에 걸맞은 능력을 베푸셨습니다. "하나님의 영을 그에게 충만하게 하여 지혜와 총명과 지식과 여러 가지 재주로 정교한 일을 연구하여…만들게 하며"(3-4절). 성막 건축을 하나님의 거룩한 성전을 우리 안에 세우는 것이라고 할 때, 하나님께서는 그 일을 감당할 만한 능력을 우리에게 베푸신다고 해석할 수 있습니다. 예컨대, 성령을 주셔서 거룩한 모든 일들을 행할 수 있도록 도우신다는 것입니다. 때로 하나님께서 우리에게 명하시는 것들, 곧 율법이 매우 버겁게 느껴질 수도 있습니다. 지나치게 높은 윤리라고 생각할 수도 있습니다. 하지만 걱정하지 않아도 되는 이유가 있습니다. 성령님께서 우리를 도우시기 때문입니다. 성령님의 도우심을 구하며 하늘의 윤리를 실천할 때, 어느덧 그 높디높은 목표에 한 걸음 가까이 서게 됩니다.

갈라디아서 6장에는 성령님의 인도하심을 따라 우리 안에 거룩한 성전을 짓기 위한 권면들이 나옵니다. 겸손하게 서로를 권면하여 그리스도의 법, 곧 사랑을 성취해야 합니다. 말씀을 가르치는 자와 모든 좋은 것들을 함께하고 스스로 속이지 말아야 합니다. 선을 베풀되 낙심하지 말아야 하고 기회 있는 대로 모든 이들에게 착한 일을 해야 합니다. 특히, 믿음의 가정을 대상으로 그렇게 해야 합니다. 주 예수 그리스도만을 자랑하고, 세상에 대해서는 십자가에 못 박힌 것처럼 살아야 합니다. 참된 복음을 믿는 자들은 성령님의 인도하심을 따라 율법의 권면들을 힘써 지키게 됩니다.

잠언 7장도 육체의 소욕을 경계할 것을 강조합니다. 육체의 소욕 중에 대표적인 것은 성적인 욕망입니다. 현대 문화는 성적 욕망을 충족할 것을 적극적으로 권합니다. 자극적인 문화를 생산하고 윤리와 도덕을 약화시킵니다. 그것의 위험성은 최소화시키고, 그것으로 얻게 될 쾌락을 상상하게 합니다. "내 침상에는 요와 애굽의 무늬 있는 이불을 폈고 몰약과 침향과 계피를 뿌렸노라 오라 우리가 아침까지 흡족하게 서로 사랑하며 사랑함으로 희락하자"(16-18절). 솔로몬은 유혹에 빠진 사람을 '도수장으로 끌려가는 소와 같고, 그물로 빨리 들어가는 새와 같다'(22-23절)고 말합니다. 육체의 소욕을 경계해야 합니다. 과거의 본성을 만족시키고자 하는 부패한 마음의 권면을 거절하고, 새 마음을 창조하시는 성령님의 권면을 따라가야 합니다. 우리가 육체의 소욕을 버리고 성령님의 권면을 즐거이 따라갈 수 있는 이유는 우리 주 예수님께서 선한 목자가 되시기 때문입니다.

요한복음 10장에서 예수님은 당신을 '양들을 위해 목숨을 버리는 선한 목자'라고 말씀하십니다. 예수님은 당신의 양들을 끊임없이 돌보고 인도하며 지키는 목자가 되십니다. 예수님과 인격적인 관계를 맺은 사람들은 예수님의 음성을 마치 선한 목자의 음성처럼 듣습니다. 그분의 권면을 거부하고 외면하거나 저항하지 않습니다. 오히려 순한 양처럼 그분의 권면을 듣고 따라갑니다. "내 양은 내 음성을 들으며 나는 그들을 알며 그들은 나를 따르느니라"(27절). 예수님 당시 이 구분은 더욱 명확했습니다. 제자들은 예수님의 말씀을 듣고 그분을 따랐습니다. 반면에 바리새인들은 예수님의 말씀을 거부하고 그분을 적대했습니다. 제자들은 육체의 소욕을 거절해 나갔지만, 바리새인들은 육체의 소욕을 지키려고 안간힘을 썼습니다. 예수님을 선한 목자로 인정하는 사람은 항상 옛 사람의 본능을 거절하고 새 사람의 욕망을 따라갑니다.

3월 March **21**

출애굽기32장 • 요한복음11장 • 잠언8장 • 에베소서1장

출애굽기 32장은 금송아지 사건으로 언약이 깨지는 장면입니다. 이스라엘 백성이 40일을 못 참고 아론에게 투덜댑니다. 아론은 백성들의 불만을 잠재우기 위해 이방 풍습을 따라 금송아지를 만든 후 '이것이 바로 여호와'라고 말합니다. 백성들은 만족하며 이방인들처럼 그 앞에서 먹고 마시며 일어나서 뛰놀았습니다. 하나님과 방금 언약을 맺은 백성이 순식간에 타락해 버린 것입니다. 여기서 우리는 사람이 얼마나 쉽게 우상을 따라가는지 발견할 수 있습니다. 보이는 것을 선호하는 사람의 본성은 움켜잡을 수 있고 느낄 수 있으며 확연하게 다가오는 것을 섬기고 싶어 합니다. 하나님의 방식이 아니라 자기의 방식을 더 좋아한다는 것입니다. 하나님의 진노 앞에서 모세는 중보자의 역할을 감당합니다. 그는 자기의 생명을 걸고 이스라엘 백성들을 구해 냅니다. 우리는 매우 쉽게 타락한 본성에 넘어가지만 우리에게는 영원한 중보자, 그리스도가 있습니다. 그리스도는 우리의 범죄 앞에서 항상 우리를 변호해 주십니다. 그리스도께서 우리의 의로움이 되시니, 우리는 오늘도 담대하게 하나님 앞에 나아가서 복을 구할 수 있습니다.

에베소서 1장은 중보자이신 예수 그리스도 안에 있는 우리의 복을 소개합니다. "하나님 곧 우리 주 예수 그리스도의 아버지께서 그리스도 안에서 하늘에 속한 모든 신령한 복을 우리에게 주시되"(3절). 바울은 에베소서를 통해 창조와 구원에 대한 심오한 비밀을 가르치고, 그것이 바로 복음이라는 것과 복음 위에 세워진 교회에 관해 말합니다. 특히, 창세전에 이미 정해진 선택의 신비를 노래합니다. 선택은 철학과 사변으로 이해할 수 있는 교리가 아닙니다. 우리는 바울이 그랬던 것처럼, 그저 우리의 구원을 노래할 뿐입니다. 그것이 창조와 구원의 목적이기 때문입니다. "이는 그가 사랑하시는 자 안에서 우리에게 거저 주시는바 그의 은혜의 영광을 찬송하게 하려는 것이라"(6절). 그러므로 우리는 자나 깨나 그리스도를 아는 지식을 위해 힘써야 합니다. 기도해야 하고 공부해야 합니다. 그럴 때에만 비로소 그리스도의 몸, 곧 교회를 바르게 이해할 수 있습니다(22-23절).

요한복음 11장은 그리스도를 아는 지식을 풍성히 공부할 수 있는 본문입니다. 여기서 예수님은 당신을 "부활이요 생명이니 나를 믿는 자는 죽어도 살겠고 무릇 살아서 나를 믿는 자는 영원히 죽지 아니하리니"(25-26절)라고 말씀하십니다. 사건은 다음과 같습니다. 마리아와 마르다의 오라비 나사로가 죽습니다. 그때까지만 해도 사람들은 예수님에게 병 고침의 능력 정도만 있는 줄 알았습니다. 그러나 예수님은 부활과 생명이 되십니다. 죽은 지 나흘이 된 나사로를 말씀으로 살려 내십니다. 그리스도 안에는 풍성한 생명이 있습니다. 그리스도 안에는 풍성한 능력이 있습니다. 그리스도 안에 있는 사람들은 생명과 능력을 받아 누립니다. 그리스도만이 우리의 유일한 구원자가 되십니다.

잠언 8장은 지혜를 의인화시키는데, 일반적으로 이 지혜는 그리스도를 가리킨다고 봅니다. 이 지혜는 창조 전에 하나님과 함께 있었고, 창조 사역 때도 함께 있었으며, 창조 후에도 함께 있었기 때문입니다. 그러므로 그리스도를 아는 것이 참된 지혜입니다. "대저 나를 얻는 자는 생명을 얻고 여호와께 은총을 얻을 것임이니라 그러나 나를 잃는 자는 자기의 영혼을 해하는 자라 나를 미워하는 자의 사망을 사랑하느니라"(35-36절). 그리스도는 하나님의 지혜이십니다. 그리스도께서 행하신 모든 사역과 십자가와 부활을 힘써 공부할 때, 우리는 인생의 지혜를 발견하게 됩니다. 우주와 역사와 인생의 중심에 그리스도께서 서 계시기 때문입니다.

3월 March 22

출애굽기33장 • 요한복음12장 • 잠언9장 • 에베소서2장

출애굽기 33장에는 하나님의 진노와 모세의 중보, 그리고 이스라엘 백성의 회개가 나옵니다. 이것은 정확히 그리스도 안에 있는 구원의 모형입니다. 하나님은 이스라엘을 버리고 새로운 민족을 일으키시고자 했습니다. 이때 모세는 하나님 앞에 담대히 나아가 끝까지 동행해 주실 것을 요청했습니다. "내가 참으로 주의 목전에 은총을 입었사오면 원하건대 주의 길을 내게 보이사 내게 주를 알리시고 나로 주의 목전에 은총을 입게 하시며 이 족속을 주의 백성으로 여기소서"(13절). 이때 모세는 회개하는 백성을 대표하고 있습니다. 4-5절에서 백성들은 슬퍼하였고, 하나님은 그들이 장신구를 떼어 낼 것을 요구하셨습니다. 장신구를 떼어 낸다는 것은 회개한다는 의미입니다. 우리의 구원도 그렇습니다. 우리는 죄가 하나님의 진노를 불러일으킨다는 사실을 깨닫습니다. 그리고 죄로 말미암아 슬퍼하고 회개합니다. 그리고 중보자이신 십자가의 그리스도를 올려다봅니다. 회개하고 그리스도를 믿는 자들은 누구나 하나님의 용서를 받습니다.

에베소서 2장에서 바울은 이것을 구체적으로 설명합니다. 우리는 본질상 진노의 자녀(3절)입니다. 그런데 그리스도께서 우리의 허물을 감당하시고 대신하여 죽으셨습니다. 그러므로 긍휼이 풍성하신 하나님께서 허물로 죽은 우리를 그리스도와 함께 살리셨고, 함께 일으키셔서 함께 하늘에 앉히셨습니다(4-6절). 성부와 성자께서 행하신 이 사역은 성령에 의해 우리에게 주어졌습니다(8절). 우리는 처음부터 끝까지 하나님에 의해 만들어졌습니다(10절). 그러므로 우리는 그 어떤 것도 자랑할 수 없습니다(9절). 이처럼 우리는 삼위 하나님에 의해 세워진 자로 하나님께서 거하실 처소가 됩니다. 그리스도 안에서 부르심을 받은 모든 자들은 서로 연결되어 함께 지어져 갑니다(21–22절). 이것이 구원입니다. 구원의 시작과 과정과 끝은 모두 하나님 중심입니다. 삼위 하나님에 의해 시작되어서 삼위 하나님에 의해 만들어지고 삼위 하나님께서 머무시게 되는 것, 그것이 우리가 얻은 구원입니다.

요한복음 12장은 이 구원의 중심이신 그리스도를 계속해서 소개합니다. 나사로를 살리신 예수님께 그의 여동생 마리아가 귀한 향수를 드립니다. 이것은 그리스도의 죽음을 준비하는 헌신입니다. 예루살렘에 입성하실 때는 수많은 사람들이 환영합니다. 이것은 왕 되신 그리스도를 보여 줍니다. 여기서 예수님은 당신의 죽음과 부활을 예고하실 "한 알의 밀이 땅에 떨어져 죽지 아니하면 한 알 그대로 있고 죽으면 많은 열매를 맺느니라"(24절). 그럼에도 불구하고, 많은 사람들이 예수님을 믿지 않습니다. 혹은 두려워서 믿음을 감춥니다. 이에 대해 요한은 "사람의 영광을 하나님의 영광보다 더 사랑하였더라"(43절)라고 비판합니다. 그러나 구원을 얻기 위해서는 예수님을 믿어야 합니다. "나를 믿는 자는 나를 믿는 것이 아니요 나를 보내신 이를 믿는 것이며 나를 보는 자는 나를 보내신 이를 보는 것이니라"(44–45절).

잠언 9장은 다시 한 번 지혜를 얻으라고 호소합니다. "어리석음을 버리고 생명을 얻으라 명철의 길을 행하라"(6절). 지혜는 그리스도를 아는 것입니다. 그리스도를 아는 자만이 하나님을 경외할 수 있기 때문입니다(10절). 둘 중 하나입니다. 지혜의 소리를 듣고 그것을 찾아가는 것이 하나요, 어리석은 소리를 듣고 그것을 찾아가는 것이 다른 하나입니다. 어리석고 지혜 없는 자들은 "도둑질한 물이 달고 몰래 먹는 떡이 맛이 있다"(17절)는 말을 듣고 따라갑니다. 하지만 그 길의 끝에는 죽은 자들이 있는 곳, 곧 지옥이 있습니다.

3월 March 23

출애굽기34장 • 요한복음13장 • 잠언10장 • 에베소서3장

출애굽기 34장은 언약 갱신을 말합니다. 모세는 깨뜨린 이전 돌판 대신에 새로운 돌판을 받습니다. 하나님은 여기서 다시 한 번 언약의 내용을 강조하십니다. 하나님은 자비로우시고 은혜로우시고 노하기를 더디 하시고 인자와 진실이 많으신 분(6절)입니다. 그러므로 백성들은 오직 하나님만을 섬겨야 합니다. 가나안의 신이든 무엇이든 섬겨서는 안 됩니다. 그들의 풍습을 따라 신상을 만들어서도 안 됩니다. 항상 하나님 앞에서 진실한 마음을 유지해야 하고, 안식일을 지키고 칠칠절, 수장절, 유월절 등을 지키며 하나님께 감사해야 합니다. 하나님은 당신 백성들에게 하나님 중심적인 삶을 요구하십니다. 이것은 오늘날 우리에게도 마찬가지입니다. 우리는 하나님 중심적인 삶을 살아야 합니다. 십계명은 그 지침입니다. 우리는 십계명을 묵상하고 적용해서 일주일 동안 하나님 중심적인 삶을 살기 위한 지침을 만들어야 합니다. 하나님께서 언약 백성에게 그것을 요구하시기 때문입니다.

잠언 10장에서 우리는 십계명의 구체적인 적용을 찾을 수 있습니다. 사실 잠언이라는 책 전체가 십계명의 구체적인 지침입니다. 하나님 외에 다른 신을 두지 않는 사람들은 하나님을 경외함으로 지혜롭게 살아갑니다. "마음이 지혜로운 자는 계명을 받거니와 입이 미련한 자는 멸망하리라"(8절). 지혜로운 사람은 부모를 공경합니다. 부지런하게 삽니다. 미워하지 않고 사랑합니다. 훈계를 지킵니다. 거짓 증언을 하지 않습니다. 십계명의 첫째 계명에 충실한 사람은 잠언을 사랑할 수밖에 없습니다.

요한복음 13장부터 17장까지에는 예수님의 고별사가 나옵니다. 공관복음에는 기록되지 않은 이 고별사는 아버지와 아들의 관계에 기초한 복음을 설명합니다. 특히, 주목해서 볼 것은 최초의 성찬 이후 주어지는 새 계명입니다. 성찬은 언약 갱신의 의미가 있고, 새 언약은 모세 당시에 주어진 십계명의 요약이라고 할 수 있습니다. 새 계명은 이와 같습니다. "새 계명을 너희에게 주노니 서로 사랑하라 내가 너희를 사랑한 것같이 너희도 서로 사랑하라"(34절). 사랑은 예수님께서 우리에게 주신 새 계명입니다. 동시에 이것은 구약의 계명을 압축한 것이기도 합니다. 우리는 사랑 안에서 십계명을 힘써 지켜야 합니다. 하나님과 언약을 맺은 백성들에게는 사랑의 계명을 지켜야 하는 의무가 있습니다.

에베소서 3장은 우리가 서로 사랑할 수 있는 이유를 설명합니다. 우리가 교회로 서로 사랑할 수 있는 이유는 그리스도 안에서 하나님께서 먼저 우리를 사랑하셨기 때문입니다. 그러므로 사랑의 계명을 지키고자 하는 모든 사람들은 먼저 그리스도의 사랑이 무엇인지 알아야 합니다. 바울은 이렇게 기도합니다. "너희가 사랑 가운데서 뿌리가 박히고 터가 굳어져서 능히 모든 성도와 함께 지식에 넘치는 그리스도의 사랑을 알고 그 너비와 길이와 높이와 깊이가 어떠함을 깨달아 하나님의 모든 충만하신 것으로 너희에게 충만하게 하시기를 구하노라"(17–19절). 이것은 또한 우리의 기도 제목이 되어야 합니다. 우리는 아직도 그리스도의 사랑을 충분히 알지 못합니다. 우리는 아직도 그리스도의 사랑을 완전히 이해하지 못했습니다. 그래서 우리에게는 사랑이 너무 부족합니다. 사랑의 계명을 올바로 지키기 위해서 우리는 반드시 그리스도의 사랑을 공부해야 합니다.

3월 March 24

출애굽기35장 • 요한복음14장 • 잠언11장 • 에베소서4장

출애굽기 35장부터는 하나님께서 명하신 대로 성막이 건축되는 과정이 나옵니다. 성막 건축 '일'을 하기 전에 먼저 안식일 규정이 나온다는 점을 주목해야 합니다. 성막을 건축하기 위해서는 힘써 일해야 하는데, 그때에도 기억해야 할 것은 안식일에는 쉬어야 한다는 것입니다. 왜 일을 해야 하는지를 다시 한 번 생각해야 하기 때문입니다. 또한 성막 건축을 위해 예물을 드리는 장면이 나오는데, 여기에서는 "마음이 감동된 모든 자와 자원하는 모든 자"(21절)가 강조됩니다. 예물을 드릴 때는 항상 자발적이어야 합니다. 위협이나 보상에 근거하는 것이 아니라 이미 주신 하나님께 즐거운 마음으로 바쳐야 합니다. 이 본문은 일과 쉼, 감사와 헌신의 관계를 주목해서 읽어야 합니다. 우리가 감사하며 헌신할 수 있는 이유는 하나님 아버지께서 그리스도 안에서 우리를 복되게 하셨기 때문입니다.

요한복음 14장은 그리스도 안에 있는 것이 얼마나 복된 일인지를 잘 설명해 주고 있습니다. '그리스도는 길이요 진리요 생명이니 그리스도로 말미암지 않고는 아버지께로 갈 자가 없습니다'(6절). 그리스도를 본 것은 아버지를 본 것이고, 그리스도를 안 것은 또한 아버지를 안 것입니다. 그리스도의 이름으로 무엇이든 구하면 아버지께서 주실 것이고, 그리스도 안에서 아버지의 사랑을 풍성하게 받을 것입니다. 또한 그리스도 안에서 우리는 평안을 얻습니다. 무엇보다 그리스도 안에서 우리는 아버지의 영을 선물로 받습니다. 그분은 진리의 영이 되셔서 우리로 하여금 진리를 깨닫게 하십니다(17-26절).

에베소서 4장에서 바울은 그리스도 안에서 혜택을 받은 자들이 어떻게 살아야 하는지를 가르칩니다. 그리스도 안에서 온갖 혜택을 받은 자들은 다른 사람들에게도 그 혜택을 제공해야 합니다. 그리스도께서 우리를 향해 오래 참으시는 것처럼 우리도 오래 참아야 하고, 그리스도께서 우리에게 겸손하셨던 것처럼 우리도 겸손해야 합니다. 그리스도의 장성한 분량까지 성장하여 모든 일에 그분에게까지 자라야 하는데, 그분께서 우리의 머리가 되시기 때문입니다. 특히, 우리가 힘써야 할 것은 옛 사람을 끊어내고 새 사람을 입는 일입니다. 옛 사람은 어리석고 무지하고 완고합니다. 그래서 더러운 것을 욕심냅니다. 반면에 새 사람은 의롭고 거룩합니다. 그러므로 새 사람을 입을 때, 우리는 거짓을 버리고 도둑질하지 말며 온갖 악독한 일을 하지 말아야 합니다. 동시에 가난한 자를 구제하고 선한 말을 하며 서로 용서하기를 그리스도 안에서 하나님께서 우리를 용서하신 것처럼 해야 합니다. 그리스도의 사랑을 입은 자들은 감사하는 마음으로 자원하여 이와 같이 행합니다. 성령님께서 그렇게 도와주십니다.

잠언 11장도 새 사람을 입는 일을 구체적으로 지도합니다. 속이는 일을 해서는 안 됩니다. 교만해서도 안 됩니다. 탐욕스러워도 안 됩니다. 악한 말을 해서도 안 됩니다. 험담하거나 이웃을 멸시해서도 안 됩니다. 정직해야 하고 마음이 신실해야 하며 공의를 굳게 지켜야 합니다. 가난한 자를 구제해야 하고 선을 간절히 구해야 하며 재물을 의지하지 말아야 합니다. 새 사람은 삶 전체가 은혜가 가득한 방식으로 변해 갑니다.

3월 March 25

출애굽기36장 • 요한복음15장 • 잠언12장 • 에베소서5장

출애굽기 36장에는 하나님께서 설계하신 대로 성소를 건축하는 장면이 나옵니다. 성소는 26장에서 말씀하신 그대로 지어집니다. 성경은 이 건축에 직접 참여한 사람을 '지혜로운 사람'이라고 합니다. 왜 지혜로운 사람이라고 했을까요? 1절은 다음과 같이 말합니다. "브살렐과 오홀리압 및 마음이 지혜로운 사람 곧 여호와께서 지혜와 총명을 부으사 성소에 쓸 모든 일을 할 줄 알게 하신 자들은 모두 여호와께서 명령하신 대로 할 것이니라." 이 말씀은 지혜에 관해 몇 가지 특징을 묘사합니다. 첫째, 지혜는 하나님께서 주신 것입니다. 둘째, 여기서 지혜는 재능과 관련이 있습니다. 셋째, 지혜로운 사람은 여호와께서 명령하신 대로 행할 의무가 있습니다. 우리의 모든 재능은 하나님께로부터 온 것입니다. 그러므로 우리는 이 재능을 자랑하지 말고 재능을 주신 하나님을 자랑해야 합니다. 또한 재능으로 자신을 높이기보다 하나님께서 명령하신 일을 차분히 감당해야 합니다.

잠언 12장에도 지혜에 관한 교훈이 나옵니다. 지혜로운 사람은 자신의 꾀나 세상의 처세를 신뢰하지 않습니다. 하늘로부터 오는 지혜를 신뢰합니다. 그래서 '훈계'를 좋아합니다(1절). 자기 안에서 살며시 삐져나오는 악을 싫어하기 때문입니다. 하늘의 지혜를 사모하는 사람은 선과 악을 분명히 구분합니다. '의인의 생각은 정직하여도 악인의 도모는 속임이니라'(5절). 말과 행동 속에 은근히 배어 있는 선과 악을 파악합니다. "악인의 말은 사람을 엿보아 피를 흘리자 하는 것이거니와 정직한 자의 입은 사람을 구원하느니라"(6절). "의인은 자기의 가축의 생명을 돌보나 악인의 긍휼은 잔인이니라"(10절).

요한복음 15장은 어떻게 해야 참된 지혜를 얻고 참된 선을 행할 수 있는지를 가르칩니다. 예수님은 당신을 참포도나무, 하나님을 농부로 비유하십니다. 그리고 제자들을 그 나무에 붙어 있는 가지로 비유하십니다. 그러므로 제자들이 열매를 맺기 위해서는 반드시 예수님께 붙어 있어야 합니다. "내 안에 거하라 나도 너희 안에 거하리라 가지가 포도나무에 붙어 있지 아니하면 스스로 열매를 맺을 수 없음같이 너희도 내 안에 있지 아니하면 그러하리라"(4절). 그 열매는 사랑의 계명을 지키는 것입니다. 예수님도 아버지의 계명을 지키셨습니다. 그러므로 우리도 예수님의 계명을 지켜서 열매를 맺어야 합니다. 또 다른 열매는 이 세상에 속하지 않는 것입니다. 우리가 예수님 안에 거하면 세상은 우리를 미워하게 됩니다(19절). 세상은 자기에게 속한 자들만을 사랑하기 때문입니다.

에베소서 5장은 사랑의 계명을 구체적으로 설명합니다. 그리스도 안에서 열매 맺는 삶이란 '그리스도께서 우리를 사랑하신 것같이 우리도 사랑 가운데서 행하는 것'(2절)입니다. 이것은 음행과 더러운 것과 탐욕을 가까이하지 않는 것이고, 착함과 의로움과 진실함, 곧 빛의 열매를 맺는 것입니다. 좀 더 구체적으로 적용하자면, 성령의 충만함으로 주님의 뜻을 이해하는 것으로, '피차 복종하는 삶'입니다. 그 첫 번째 현장은 부부 사이입니다. 남편은 그리스도께서 교회에게 하시듯이 생명을 다해 사랑해야 하고, 아내는 교회가 그리스도께 하듯이 온 힘을 다해 순종해야 합니다. 부부는 그와 같은 관계 속에서 그리스도와 교회의 신비로운 관계를 더 깊이 깨닫게 됩니다.

3월 March 26

출애굽기37장 • 요한복음16장 • 잠언13장 • 에베소서6장

출애굽기 37장에서 브살렐은 법궤와 등잔대와 번제단을 제작합니다. 성막을 만든 후에 가장 먼저 법궤를 제작했다는 것은 그것이 그만큼 중요하다는 의미입니다. 하나님은 법궤 위에서 백성들을 만나 주신다고 약속하셨기 때문입니다. 성막 건축의 핵심은 하나님께서 당신이 지정하신 곳에서 당신의 백성을 만나신다는 것입니다. 그러므로 모든 작업은 신중해야 했습니다. 한 치의 오류도 없이 하나님의 뜻대로 진행되어야 했습니다. 오홀리압과 브살렐은 성령님의 능력과 지혜를 얻었기에 말씀대로 순종할 수 있었습니다.

잠언 13장에서 솔로몬은 사람이 자기 안에 성막을 건축하는 방법을 가르칩니다. 지혜를 세우는 일입니다. 지혜로운 사람은 아비의 훈계를 듣습니다. 말씀하신 대로 따른다는 것입니다. 반면에 거만한 사람은 꾸지람을 싫어합니다. 자기 멋대로 행하고 싶은 것입니다. 이 두 가지 구도는 잠언 내내 등장합니다. 의인은 입의 열매가 있고 부지런하며 거짓말을 미워하고 항상 공의롭게 살아갑니다. 반면에 악인은 악한 생각을 하고 게으르며 교만하고 말씀을 멸시합니다. "말씀을 멸시하는 자는 자기에게 패망을 이루고 계명을 두려워하는 자는 상을 받느니라"(13절).

요한복음 16장에는 지혜의 영이시요 진리의 영이신 성령님에 관한 말씀이 나옵니다. 예수님은 당신이 떠나면 보혜사가 올 것인데, 그가 성도들에게 유익할 것이라고 약속하십니다. 그분은 '죄에 대하여, 의에 대하여, 심판에 대하여 세상을 책망하시는 분'(8절)입니다. 또한 '모든 진리 가운데로 인도하시는 분이고 그리스도의 영광을 알리시는 분'(13-14절)입니다. 성막을 건축할 때 오홀리압과 브살렐에게 그렇게 하신 것처럼, 성령님은 신자들의 마음속에 그리스도의 집을 짓고 그들이 그리스도의 진리를 따르도록 힘을 주십니다. 잠언이 말하는 모든 지혜의 권면을 힘써 듣고 마음과 삶을 돌이켜 그렇게 살게 하십니다. 하나님은 이스라엘 가운데 거주하시기 위해 성막을 지으셨지만, 이제 그리스도 안에서 우리 모두의 마음은 성령님의 전이 되었습니다. 그러므로 우리는 오늘도 그리스도께로 인도를 받아야 합니다. 그리스도 안에 있어야 합니다.

에베소서 6장은 성령의 충만함을 받은 사람이 어떻게 사는지를 소개합니다. 앞서 피차 복종이 부부 사이의 계명임을 강조하였다면, 이제는 부모와 자녀, 상전과 종의 관계에서도 적용되어야 하는 계명임을 가르칩니다. 부모와 자녀도 서로를 섬겨야 합니다. 자녀들은 부모에게 힘써 순종해야 합니다. 부모들은 자녀를 노엽게 해서는 안 됩니다. 상전과 종, 곧 상사와 부하 직원 사이에도 피차 복종이 필요합니다. 아랫사람은 윗사람에게 성실한 마음으로 그리스도께 하듯 순종해야 합니다. 윗사람은 아랫사람에게 똑같은 마음으로 그렇게 해야 합니다. 진짜 윗분은 하늘에 계시기 때문입니다. 무엇보다 신자들은 이 모든 관계가, 이 모든 생활이 영적인 싸움임을 인지해야 합니다. "우리의 씨름은 혈과 육을 상대하는 것이 아니요 통치자들과 권세들과 이 어둠의 세상 주관자들과 하늘에 있는 악의 영들을 상대함이라"(12절). 그러므로 하나님의 전신 갑주, 곧 진리와 복음과 믿음과 구원과 말씀과 기도를 갖고 대적해야 합니다. 피차 복종은 자기 안에서 발생하는 것이 아니라 성령님에 의해 주어지는 것이기 때문입니다.

3월 March 27

출애굽기38장 • 요한복음17장 • 잠언14장 • 빌립보서1장

출애굽기38장에서는 번제단과 물두멍, 그리고 뜰을 만듭니다. 성막 건축의 마지막 부분입니다. 건축 순서를 보면, 1) 성막 자체, 2) 지성소와 성소에 들어갈 물품들, 곧 법궤와 등잔대와 분향단과 관유와 향품 등, 그리고 3) 성막 뜰에서 사용할 번제단과 물두멍 등입니다. 하나님께서 거하시는 지성소에 들어가기 위해서는 거룩함이 필요합니다. 그렇기에 번제단에서 속죄제를 드린 후에 들어갈 수 있었습니다. 성막의 구조 자체가 일종의 신학입니다.

요한복음 17장은 대제사장이신 예수님께서 성부께 드리는 기도입니다. 성막이 우리를 하나님께 인도하는 것처럼, 예수님은 우리를 하나님께로 인도하십니다. 성막의 구조는 하나님께로 나아가는 순서입니다. 곧 뜰에서 번제를 드리고 성소를 거쳐 지성소로 들어가 법궤 위에서 하나님을 만납니다. 그러나 우리는 그리스도 안에서 곧장 하나님께로 나아갈 수 있습니다. "영생은 곧 유일하신 참하나님과 그가 보내신 자 예수 그리스도를 아는 것이니이다"(3절). 예수님은 하나님 아버지와 당신이 하나이심을 강조하십니다. 예수님은 창세전에 아버지와 함께 모든 영화를 갖고 계셨습니다. 예수님께서 하신 말씀들은 모두 아버지께서 주신 것들입니다. 예수님의 것은 또한 모두 아버지의 것입니다. 그리고 이제 예수님은 아버지와 당신이 그러하신 것처럼, 예수님을 믿는 사람들이 아버지와도 그렇게 되기를 기도합니다. "아버지여, 아버지께서 내 안에, 내가 아버지 안에 있는 것같이 그들도 다 하나가 되어 우리 안에 있게 하사 세상으로 아버지께서 나를 보내신 것을 믿게 하옵소서"(21절). 이제 그리스도 안에 있는 신자는 하나님 아버지께로 담대히 나아갈 수 있게 되었습니다.

잠언 14장은 그리스도 안에 있는 신자가 마땅히 살아가야 할 삶의 규범들을 가르칩니다. 이것은 십계명의 구체적인 적용이기도 합니다. 예를 들어, 제9계명은 거짓 증언을 하지 말라고 하는데, 잠언 14장 5절도 "신실한 증인은 거짓말을 아니하여도 거짓 증인은 거짓말을 뱉느니라"라고 말합니다. 제1계명은 하나님 외에 다른 신을 섬기지 말라고 하는데, 잠언 14장 26절도 "여호와를 경외하는 자에게는 견고한 의뢰가 있나니 그 자녀들에게 피난처가 있으리라"라고 말합니다. 앞서 아비의 훈계를 들으라는 말씀은 제5계명과 관련이 있습니다. 이처럼 잠언의 말씀은 우리가 십계명을 꼼꼼히 지킬 수 있도록 구체적인 적용을 하고 있습니다.

빌립보서 1장에서 바울은 그리스도 예수 안에 있는 신자의 정체성과 삶에 관해 말합니다. 빌립보 성도들은 은혜에 참여한 자(7절)이고, 의의 열매가 가득하여 하나님의 영광과 찬송이 되어야 하는 자(11절)입니다. 바울은 이 편지를 감옥에서 보냈습니다. 비록 상황은 좋지 않았지만, 바울은 그 와중에도 복음이 전파되고 있다는 사실을 기뻐합니다. 현재 바울이 빌립보 성도들에게 가장 원하는 것은 신자들이 자기 정체성에 맞게 살아가는 것입니다. "오직 너희는 그리스도의 복음에 합당하게 생활하라"(27절). 로마 정부와 유대인들의 핍박에 굴하지 말고 끝까지 믿음대로 살기를 당부합니다.

3월 March 28

출애굽기39장 • 요한복음18장 • 잠언15장 • 빌립보서2장

출애굽기 39장에는 제사장의 옷을 만드는 장면이 나옵니다. 성막 건축이 끝났습니다. 그다음 순서로 성막에서 하나님께로 나아갈 거룩한 자, 곧 제사장의 의복을 제작합니다. 제사장은 아주 특별하게 구분된 자였기 때문에 의복마저도 하나님께서 명하신 대로 제작하여 입어야 했습니다. 하나님께 나아갈 때 자기 멋대로 할 수 있는 것은 아무것도 없습니다. '여호와께서 모세에게 명령하신 대로 하였더라'(5 ,7, 21, 26, 29, 31-32, 42-43절).

요한복음 18장에서 예수님은 체포당하십니다. 베드로가 칼을 들어 대적하려고 했지만, 예수님은 "아버지께서 주신 잔을 내가 마시지 아니하겠느냐"(11절)며 만류하십니다. 잡히신 예수님은 대제사장의 집으로 끌려가 심문을 받으십니다. 그리고 당시 처형에 관한 법적 권한을 가지고 있었던 로마 총독 빌라도에게 끌려가십니다. 이 모든 것은 "예수께서 자기가 어떠한 죽음으로 죽을 것을 가리켜 하신 말씀을 응하게 하려 함"(32절)이었습니다. 즉, 예수님은 이 모든 것을 하나님께서 명령하신 대로 하고 계신 것입니다. 빌라도는 예수님을 풀어 주고자 했지만, 유대인들은 '바라바'를 연호하며 예수님을 죽이라고 아우성을 칩니다. 결론적으로 예수님의 완전한 순종은 하나님의 뜻을 이 땅에서 이루었습니다. 하나님께서 명령하신 대로 건축된 성막이 하나님과 백성들의 만남을 이루었다면, 하나님의 뜻대로 순종하신 예수님은 하나님과 신자들의 만남을 이루신 것입니다.

빌립보서 2장은 그리스도의 완전한 순종을 본받는 신자의 본분을 가르칩니다. "너희 안에 이 마음을 품으라 곧 그리스도 예수의 마음이니"(5절). 그리스도께서 겸손하게 성부의 뜻에 순종하신 것처럼, 우리도 교회 안에서 사랑으로 다른 사람들을 돌봐야 합니다. 겸손한 사람만이 순종하고 사랑합니다. 교만한 사람은 다투고 미워합니다. 이것은 우리가 이루어야 할 구원입니다(12절). 그리스도를 믿는 것과 그리스도께 순종하는 것을 분리하는 사상은 오늘날 많이 펴져 있는 잘못된 신앙입니다. 그리스도를 믿는 자는 그리스도와 연합된 자이며 그리스도와 연합된 자는 그리스도와 같이 행하는 자입니다. 칭의와 성화는 분리되지 않습니다.

잠언 15장은 우리가 순종해야 할 실천적인 목록을 제시합니다. 항상 혀를 다스려야 합니다. '유순한 대답은 분노를 쉬게 한다'(1절). '온순한 혀는 곧 생명나무이다'(4절). '지혜로운 자의 입술은 지식을 전파한다'(7절). '사람은 그 입의 대답으로 기쁨을 얻고 때에 맞는 말은 참으로 아름답다'(23절). 아비의 훈계를 귀하게 받아야 합니다. '아비의 훈계를 업신여기는 자는 미련한 자다'(5절). '거만한 자는 견책 받기를 좋아하지 않는다'(12절). '지혜로운 아들은 아비를 즐겁게 한다'(20절). 탐욕스럽게 살아서는 안 됩니다. '가산이 적어도 여호와를 경외하는 것이 크게 부하고 번뇌하는 것보다 낫다'(16절). '채소를 먹으며 서로 사랑하는 것이 살진 소를 먹으며 서로 미워하는 것보다 낫다'(17절). '이익을 탐하는 자는 자기 집을 해롭게 한다'(27절). 여호와를 경외해야 합니다. '여호와를 경외하는 것은 지혜의 훈계라 겸손은 존귀의 길잡이니라'(33절). 그리스도와 같이 겸손한 자가 지혜롭고, 지혜로운 자가 순종하며, 순종하는 자가 하나님을 만납니다.

3월 March 29

출애굽기40장 • 요한복음19장 • 잠언16장 • 빌립보서3장

출애굽기 40장에는 성막 건축 후 드리는 첫 번째 제사가 나옵니다. 신학자들은 성막 건축이 마치 천지 창조와 같다고 말합니다. 세상 건축이 끝난 뒤에 안식일이 있는 것처럼, 또한 노아 홍수가 끝난 뒤에 제단을 쌓은 것처럼, 성막 건축이 끝난 뒤에 제사를 드립니다. 이날은 첫째 달 초하루입니다. 새로운 역사가 시작되는 것입니다. 그리고 그 가운데 하나님의 영광이 임합니다. 이 역시도 하나님께서 에덴에 내려오셔서 아담과 거니신 장면을 연상시킵니다. 성막이 건축된 후에 이스라엘 백성들은 하나님과 동행하게 됩니다.

요한복음 19장에는 그리스도께서 우리의 성막, 우리의 제물, 우리의 대제사장이 되시는 결정적 장면이 나옵니다. 그리스도의 십자가 사건입니다. 예수님은 빌라도의 법정에서 사형 선고를 받고 조롱을 당하십니다. '이날은 유월절의 준비일'이었습니다(14절). 그리고 해골이라 하는 곳에 끌려가셔서 마치 강도들의 대장처럼 두 강도 사이에서 십자가에 못 박히셨습니다. 요한은 이 사건이 모두 성경의 응답이라고 강조합니다. '성경을 응하게 하려 함이라'(24, 28, 36절). 예수님은 구약 성경이 예언하고 모형한 모든 것을 이루셨습니다. 그리스도의 죽으심으로 새로운 역사가 시작됩니다. 천지가 창조된 후에 새로운 역사가 시작된 것과 같이, 홍수 심판이 끝난 후에 새로운 역사가 시작된 것과 같이, 성막 건축이 완성된 후에 새로운 역사가 시작된 것과 같이, 그리스도께서 죽으신 후에 새 창조의 역사가 열립니다. 하나님의 영이 신자들의 마음속에 임하셔서 영원히 동행하게 되는 것입니다. 그러므로 우리는 그리스도를 믿는 믿음 안에서 살아야 합니다. 그리스도를 믿는 믿음만이 우리 인생에 새로운 역사를 일으키기 때문입니다.

빌립보서 3장에서 바울은 교회 안에 침투한 율법주의를 경계합니다. 바울은 매우 강한 어조로 율법주의를 비판합니다. "개들을 삼가고 행악하는 자들을 삼가고 몸을 상해하는 일(할례)을 삼가라"(2절). 무엇보다 바울은 자신이 과거에 율법주의의 함정에 빠진 사람이었음을 고백합니다. 자기 행위를 중심으로 세워진 율법주의가 겉으로는 그럴 듯해 보이지만 사실은 거짓 의에 불과하다는 것입니다. "모든 것을 해로 여김은 내 주 그리스도 예수를 아는 지식이 가장 고상하기 때문이라 내가 그를 위하여 모든 것을 잃어버리고 배설물로 여김은 그리스도를 얻고 그 안에서 발견되려 함이니 내가 가진 의는 율법에서 난 것이 아니요 오직 그리스도를 믿음으로 말미암은 것이니 곧 믿음으로 하나님께로부터 난 의라"(8-9절). 그리스도를 믿는 믿음만이 우리를 의롭게 합니다. 그것만이 우리를 하나님과 만나게 합니다. 그러므로 우리는 우리에게 있는 것을 묵상하기보다 우리 밖에 계신 그리스도를 향해 달려가야 합니다(12-14절).

잠언 16장은 우리가 행위를 의지할 수 없고 그리스도를 의지할 수밖에 없는 이유를 말합니다. "사람의 행위가 자기 보기에는 모두 깨끗하여도 여호와는 심령을 감찰하시느니라"(2절). 교만해서는 안 됩니다. 그 어떤 순종도 우리의 것이 될 수 없습니다. 그 어떤 열심도 우리의 의가 될 수 없습니다. 잠언의 규범들을 힘써 지킨다고 해서 그것이 우리의 의는 아닙니다. 잠언의 말씀들은 의의 열매일 뿐입니다. 그러므로 우리는 그리스도를 믿는 믿음, 곧 그리스도를 직접 바라보는 확고한 믿음 속에서 계명에 순종해야 합니다. 순서가 바뀌면 모든 것이 뒤바뀌게 됩니다. 은혜를 받았기 때문에 성막을 건축할 수 있었던 것이지 성막을 건축했기 때문에 은혜를 받은 것이 아닙니다.

3월 March 30

레위기1장 • 요한복음20장 • 잠언17장 • 빌립보서4장

레위기 1장은 성막 건축이 끝난 뒤에 주어진 말씀입니다. 성막 안에서 하나님을 만나기 위해 이스라엘 백성들은 거룩해야 합니다. 그 수단이 바로 제사입니다. 1장에는 번제에 관한 규정이 나옵니다. 번제는 모든 것을 다 태워서 하늘로 올려 드린다는 뜻입니다. 번제로 드리는 제물은 수소, 양, 염소, 비둘기 등입니다. 번제는 가장 보편적인 제사로 속죄의 목적뿐만 아니라 헌신의 의미도 있습니다. 번제는 그리스도의 십자가 죽음을 모형합니다. 그리스도는 당신의 모든 것을 다 드리셔서 우리의 속죄를 이루셨습니다. 그리스도야말로 번제의 가장 완벽한 희생제물이십니다. 번제가 하나님께 향기로운 냄새(9절)가 되었듯이, 그리스도는 하나님의 기쁨이 되셨습니다. 그러므로 그리스도를 믿는 자들은 항상 하나님의 기쁨이 됩니다. 그리스도 안에 있는 자들은 늘 하나님께 향기로운 냄새가 되어 올라갑니다.

요한복음 20장은 완전한 희생 제물이셨던 그리스도께서 어떻게 우리의 구주가 되셨는지를 보여 줍니다. 안식 후 첫날에 그리스도께서 다시 살아나십니다. 그리고 당신이 믿는 자들의 희생 제물이 되셨다는 사실을 알리십니다. "이 말씀을 하시고 손과 옆구리를 보이시니 제자들이 주를 보고 기뻐하더라"(20절). 물론 도마 같은 제자는 끝까지 의심을 놓지 않았습니다. 그러나 예수님은 그의 믿음을 도우시기 위해 당신의 손과 옆구리를 만지게 하셨고, 믿음의 중요성을 강조하십니다(29절). 죽으시고 살아나신, 곧 완전한 희생제물이 되신 그리스도를 믿는 믿음만이 우리의 죄를 사할 수 있습니다.

빌립보서 4장은 그 믿음대로 사는 방식을 가르칩니다. 먼저, 모든 성도들과 화목하기 위해 노력해야 합니다. "주 안에서 같은 마음을 품으라"(2절). 교만한 마음으로 다른 사람보다 자신이 더 낫다고 생각해서는 안 됩니다. 둘째, 항상 기뻐해야 합니다(4절). 그리스도 안에서 죄 용서를 받은 사람은 그것을 묵상할 때마다 즐겁습니다. 그것을 생각할 때마다 기쁩니다. 셋째, 기도해야 합니다. 우리는 그리스도 때문에 하나님께 담대히 나아갈 수 있는 권리를 회복했습니다. "아무것도 염려하지 말고 다만 모든 일에 기도와 간구로"(6절) 나아가야 합니다. 넷째, 항상 덕을 세우는 일을 해야 합니다. 모든 것들을 잘 분별하고 고민하며 지혜롭게 대처하여 올바른 일을 해야 합니다. 다섯째, 자족하며 섬겨야 합니다. 탐욕스럽게 살거나 인색하게 살아서는 안 됩니다. 하나님께서 쓸 것을 우리에게 주십니다(19절).

잠언 17장은 마음의 중요성을 말합니다. "도가니는 은을, 풀무는 금을 연단하거니와 여호와는 마음을 연단하시느니라"(3절). 마음이 중요합니다. 지혜는 머리에 있지 않고 마음에 있기 때문입니다. 빌립보서 4장이 말하는 것처럼, 믿음으로 살기 위해서는 지혜가 마음에 들어와야 합니다. 하나님은 그것을 위해 우리의 마음을 단련하십니다. 마음에 담긴 지혜는 우리가 어떤 말을 하는 것이 옳고, 어떤 말을 듣는 것이 합당하며, 어떤 행동을 하고, 어떤 행동을 하지 않는 것이 선한지를 가르쳐 줍니다. "마음이 굽은 자는 복을 얻지 못하고 혀가 패역한 자는 재앙에 빠지느니라"(20절).

3월 March 31

레위기2–3장 • 요한복음21장 • 잠언18장 • 골로새서1장

레위기 2장에는 소제에 관한 규정이 나옵니다. 소제는 곡식으로 드리는 제사법입니다. 그 목적과 의미는 번제와 같습니다. 다만, 몇 가지 주의 사항이 있는데, 누룩과 꿀은 넣지 말아야 했고 소금은 넣어야 했습니다. 누룩과 꿀은 거짓의 의미가 있고, 소금은 언약의 의미가 있습니다. 즉, 소제로 드리는 제물에 거짓이 섞여 있어서는 안 되고, 하나님과의 언약을 항상 기억해야 한다는 것입니다. **레위기 3장**은 화목제에 관한 규정입니다. 화목제는 번제와 달리 전부를 태우지 않고 일부만 태워서 드린 후, 나머지는 함께 나눠 먹습니다. 이것은 하나님과의 교제, 그리고 성도와의 교제를 의미합니다.

골로새서 1장은 이 제물의 원형이 되시는 그리스도의 영광을 말합니다. 그리스도는 모든 것의 으뜸이 되십니다. 창조의 으뜸이 되시고, 구원의 으뜸이 되십니다. 모든 것이 그분으로 말미암아 있고, 그분으로 말미암아 충만하며, 그분으로 말미암아 화목합니다. 그리스도 예수 안에서 우리는 흑암의 나라에서 사랑의 나라로 옮겨졌습니다. 이것은 그리스도께서 죽으심으로 말미암아 나타난 결과입니다. "이제는 그의 육체의 죽음으로 말미암아 화목하게 하사 너희를 거룩하고 흠 없고 책망할 것이 없는 자로 그 앞에 세우고자 하셨으니"(22절)입니다. 따라서 우리는 항상 믿음에 거해야 합니다. 그리스도를 믿는 믿음의 터 위에 굳건히 서야 합니다. 이것은 예수님께서 요구하신 명령이기도 합니다.

요한복음 21장에서 예수님은 베드로를 찾아가십니다. 그리고 이렇게 물으십니다. "네가 나를 사랑하느냐?" 이 질문은 실패한 베드로를 세우시기 위한 것이었습니다. 베드로는 자기의 의지와 결단으로 그리스도를 위해 행동하고자 했습니다. 하지만 끝내 실패하고 말았습니다. 예수님을 세 번이나 부인한 것입니다. 그런 베드로에게 예수님은 행위가 우선이 아니라 그리스도를 향한 사랑, 곧 믿음이 우선이라는 것을 강조하신 것입니다. 예수님을 사랑하는 것이 우선입니다. 예수님 안에 거하는 것이 항상 우선입니다. 예수님을 위해 일하는 것보다, 예수님께 순종하는 것보다, 예수님께 헌신하는 것보다, 예수님을 사랑하고 예수님을 믿으며 예수님께 꼭 붙어 있는 것이 우선입니다. 그리스도만이 우리의 화목 제물이 되셔서 우리로 하여금 하나님과 화목하게 하시고 하늘의 모든 복을 누리게 만드실 수 있기 때문입니다.

잠언 18장은 그리스도 안에 있는 자와 그리스도 밖에 있는 자의 차이를 분명하게 보여 줍니다. 그리스도 안에 있는 자는 깊은 물과 같은 말을 하고 솟구쳐 흐르는 시내와 같은 지혜를 소유합니다. 반면에 그리스도 밖에 있는 자는 참 지혜를 배척하고 자기의 의사를 드러내는 것만 기뻐합니다. 그리스도 안에 있는 자는 여호와께로 달려가고 입에서 나오는 열매로 다른 사람을 만족하게 합니다. 반면에 그리스도 밖에 있는 자는 아주 교만하여서 항상 미련한 말을 하고 험담을 합니다. 그리스도 안에 있는 자와 그리스도 밖에 있는 자는 말과 행동과 삶의 목적이 완전히 다릅니다.